Richard Phillips

Richard Phillips

Kunstverein in Hamburg

Hatje Cantz Verlag

Inhalt / Contents

Vorwort

Yilmaz Dziewior

Die großformatigen Ölbilder des in New York lebenden Malers Richard Phillips zeigen Männer- und Frauenporträts, erotische Darstellungen, der Pornographie entlehnte Akte sowie vereinzelt Tierbilder oder bekannte zeitgenössische Skulpturen. Allen gemeinsam ist die Aneignung vorgefundener Abbildungen, die Richard Phillips aus Zeitschriften, dem Internet oder anderen Massenmedien entnimmt. In dem Aufgreifen bereits bestehender, im kulturellen Gedächtnis gespeicherter Bilder steht Phillips in der Tradition der Appropriation Art der achtziger Jahre. Die konzeptuelle Ausrichtung seiner Arbeit unterstreicht er nicht nur durch eigenwillige Kombinationen unterschiedlicher Motive innerhalb einer Ausstellung, die mitunter als Ganzes ein übergeordnetes Thema, beispielsweise Aspekte im Leben des derzeitigen amerikanischen Präsidenten George W. Bush, reflektieren können. Bei einzelnen Bildern enthüllt der Künstler bewusst die Technik, die der fotorealistischen Malerei zugrunde liegt, und lässt die zur proportionalen Übertragung von Vorlage zur Leinwand nötigen Raster stellenweise sichtbar. Auch hier wird, über die stilistische und formale Nähe zu Pop Art und Fotorealismus hinaus, der konzeptuelle Ansatz des Künstlers deutlich.

Besondere Aufmerksamkeit erzielt Phillips mit seinen Frauendarstellungen. Der Malstil der Bilder wirkt in der Ausführung, dem feinen, manchmal lasierenden Pinselstrich und dem Augenmerk auf einzelne körperliche Details geradezu hyperrealistisch. Dabei betont Phillips das Make-up der Frauen und unterstreicht mit malerischen Mitteln die Wirkung von Lippenstift, Rouge und Wimperntusche. Er wählt Ausschnitte aus seinen Vorlagen und zoomt die Porträtierten überlebensgroß auf seinen Leinwänden heran. Die klischeehaften Motive – besonders deutlich bei den Frauenporträts – verlieren in der Malerei Phillips' ihre Eindeutigkeit. Oftmals befindet sich der Betrachter in Untersicht, womit der dargestellten Frau ein gewisser Machtstatus verliehen wird. Dabei lässt Richard Phillips bewusst in der Schwebe, ob es sich hier noch um die (männliche) Projektion der verführerischen, selbstsicheren Frau handelt oder ob diese Darstellungen den Objektcharakter des weiblichen Subjekts relativieren. Zudem thematisieren die von Phillips gewählten Frauendarstellungen das Verwischen der Grenzen zwischen Werbung, Lifestyle, Pornographie und Mode sowie deren ambivalentes Verhältnis.

Juliane Rebentisch bespricht in ihrem sehr differenziert argumentierenden Katalogessay ausführlich die unterschiedlichen Referenzen im Werk von Richard Phillips, sein Verhältnis zu massenkulturellen Darstellungen und zu historischen Vorläufertendenzen. Dabei untersucht sie die psychologisch operierende Abgründigkeit seiner Bilder, indem sie Form und Inhalt der Darstellungen auf ihre Wechselwirkung hin befragt. David Rimanelli wirft in seinem aufschlussreichen, assoziativ vorgehenden Katalogbeitrag den Blick auf die Zeitzeugenschaft der Bilder Richard Phillips' und ihre vom Kontext abhängige Rezeption. Es freut mich, dass Richard Phillips in unserem hier abgedruckten Interview erstmals in dieser Ausführlichkeit seine eigene Arbeit kommentiert.

Der vorliegende Katalog erscheint anlässlich der bisher umfangreichsten Ausstellung von Richard Phillips in einer deutschen Institution. Ich danke den zahlreichen Leihgebern für ihre Bereitschaft, sich für die Dauer der Ausstellung von ihren Bildern zu trennen. Friedrich Petzel und seine Galerie waren bei der Organisation der Leihgesuche sowie der Erstellung der Bio- und Bibliografie von großer Hilfe.

Hierfür gilt ihnen mein ganz besonderer Dank. Auch danke ich Jay Jopling und seiner Galerie White Cube sowie der Galerie Max Hetzler für ihre Hilfe.

Dies ist bereits der zweite Katalog, den der Kunstverein innerhalb kurzer Zeit mit dem Hatje Cantz Verlag herausgibt, und wieder ist es Annette Kulenkampff sowie ihrem Team zu verdanken, dass der Katalog in dieser guten Qualität erscheint. Für die einfühlsame Gestaltung zeichnet Johannes Sternstein verantwortlich. Annette Kulenkampff und dem Hatje Cantz Verlag sei an dieser Stelle ganz herzlich gedankt.

Ein so ambitioniertes Unternehmen wie dieses braucht neben der inhaltlichen auch materielle Unterstützung. Mein Dank geht an British American Tobacco, hier besonders an Dirk Pangritz, Hans-Jürgen Raben und Ida Kaufmann. Wir freuen uns sehr, BAT erstmals als Sponsor für eine Ausstellung des Kunstvereins gewonnen zu haben. In diesem Zusammenhang danke ich auch Helga Maria und Walter Klosterfelde für ihre unterstützende Vermittlung.

Die Redaktion des Kataloges lag in den erfahrenen und routinierten Händen von Katrin Sauerländer, die darüber hinaus in gewohnt souveräner Art die Pressearbeit ausführte. Die Organisation des Leihverkehrs, Transports und der Versicherung wurde von meiner Assistentin Corinna Koch mit viel Elan durchgeführt. Beiden sei herzlich für die angenehme Zusammenarbeit gedankt.

Mein ausdrücklicher Dank geht in freundschaftlicher Verbundenheit an Richard Phillips, der mich immer wieder mit seinen Bildern überrascht, fasziniert und intellektuell herausfordert.

Richard Phillips' Psycho-Realismus

Juliane Rebentisch

Das umgangssprachliche Verständnis des Begriffs »ästhetisch« kann man sich am besten an den Skandälchen klarmachen, die immer dann heraufbeschworen werden, wenn sich mal wieder eine Prominente für den *Playboy* hat ablichten lassen. Die Legitimation dafür lautet seit den fünfziger Jahren, die entsprechenden Fotos seien nicht pornographisch, sondern ästhetisch. Womit gemeint ist, dass man in diesen Fällen keine primären Geschlechtsorgane sehen kann und dass die Frauen schön in Szene gesetzt sind. »Ästhetisch« bedeutet hier bereits auf der Ebene des Sujets die reine Form und steht damit dem Gedanken an Körperöffnungen tatsächlich programmatisch fern.[1]

Auch für die kunstkritische Legitimation der zuweilen verschiedene Körperöffnungen und deren Hochglanz-Sekrete mit darstellenden Frauenporträts von Phillips hat man sich immer wieder auf einen, allerdings nun auf die Ebene der Darstellung bezogenen, formalistischen Begriff des Ästhetischen zurückgezogen. Er fände die Frauenporträts von Phillips einfach geil, soll ein Berliner Kunstbetriebsmann gesagt und natürlich gleich hinzugefügt haben, dass die ja auch geil gemalt seien. Geile Malerei! Um eine Antwort auf die Frage zu geben, was aus Richard Phillips' Bildern Kunst macht und also unterscheidet von den Welten der Pornographie, der Werbung und der Mode, der sie entlehnt sind, reicht es, das zeigt die Bigotterie solcher Äußerungen, nicht hin, auf die Tatsache zu verweisen, dass es sich hier um wie auch immer gut gemachte Malerei handelt. So, als immunisiere bereits der Hinweis auf die traditionell als Kunst abgesicherte Darstellungsweise gegen das doppelt ordinäre Sujet: massenkulturelle Darstellungen so genannter »gewöhnlicher« Frauen – *Birds of Britain* (2002) lautet beispielsweise der gecoverte sexistische Titel einer Serie von Frauenporträts, die nach einem gleichnamigen Fotoband entstand. In anderen Interpretationen dient der Hinweis auf die Darstellungsweise dazu, das Sujet zu entschärfen. Als habe er das Danto'sche Diktum, dass die Kunst das Gewöhnliche verkläre, wörtlich genommen, meint etwa der US-amerikanische Künstler und Kunstkritiker Ronald Jones zu wissen, dass es »Richard«, wie er ihn nennt, mit dem seiner Meinung nach »einfühlsam naturalistischen« Porträt einer »Wasserstoff-Blondine« (*Jazz*, 2000) darum gehe, »Grundzüge der Menschlichkeit« in der entfremdeten Existenz einer »Prostituierten« aufzuspüren.[2] Nicht nur ist die Verwechslung von Prostitution und Pornographie ebenso wie die umstandslose Identifikation von Prostitution und Entfremdung hier wohl für eine gewisse peinliche Verkrampfung symptomatisch, die sich bei Jones offensichtlich schon dort einstellt, wo das Pornographische des Sujets – anders als etwa bei *Tongue* (1997), *Origin of the Milky Way* (1998), *Below* (1997) oder *Negation of the Universe* (2001) – in der Latenz bleibt. Mir geht es hier jedoch um das Tabu, das über dem Gedanken zu hängen scheint, die künstlerische Darstellung selbst könne im Falle von Phillips an den B-Qualitäten ihrer Sujets partizipieren.

Gerade diese Möglichkeit sollte man aber meines Erachtens nicht von vornherein ausschließen, wenn man die Spezifika von Phillips' Malerei, das Spezifische seiner Verfahren verstehen will, deren Effekt von der Kritik zuweilen als eigentümliche – ich würde sagen: eigentümlich unheimliche – Präsenz beschrieben worden ist.[3] Denn Phillips' Malerei will ihre massenkulturellen Gegenstände nicht transzendieren – schon gar nicht auf den vermeintlich höheren Sinn eines universal Menschlichen »hinter dem anonymen Erscheinungsbild« hin.[4] Im Gegenteil handelt es sich hier um eine Malerei, die ihre Identität nicht mehr über einen vorausgesetzten Gegensatz zur visuellen Massenkultur bezieht. Darin ist sie Fortsetzung, nicht, wie Ronald Jones meint, Bruch mit dem Projekt der Pop Art. Die Hommage an Richard Bernstein, mit dem Andy Warhol für die Gestaltung der Cover von *Interview* zwischen 1979 – 1983 kooperiert hat, macht dies ausdrücklich (*Portrait of God (after Richard Bernstein)*, 1998). Dass Phillips an einer Nachgeschichte der historischen Pop Art teilhat, zeigt explizit natürlich auch *Jacko (after Jeff Koons)*, 1998. Bei Phillips' Bildern handelt es sich aber nicht nur um eine Bearbeitung von Pop *Art*-Phänomenen. Vielmehr setzen sie deren Projekt auch darin fort, dass sie sich für die Massenkultur und deren Erscheinungsformen, genauer: für ganz spezifische Erscheinungsformen interessieren. Es existiert kaum ein Bild von Phillips, das nicht nach einer ausgewählten massenkulturellen Vorlage entstanden wäre. Dabei geht es nicht darum, sich im Medium der Malerei moralisch über sie zu stellen, sondern im Gegenteil darum, diese Sujets in ein ästhetisches Phänomen zu transformieren, und zwar so, dass sich in dieser Transformationsleistung die Malerei selbst mit vorzeigt. Die Differenz zwischen Phillips' Kunst und den massenkulturellen Bildwelten, die sie bearbeitet, wird man vor dem Hintergrund dieses sehr spezifischen Interesses, mehr noch: Investments zu klären haben.

Mit Blick auf das gesamte Œuvre von Phillips liegt vielleicht zunächst die Vermutung nahe, dass dieses Investment durch das Interesse am Medium der Malerei motiviert ist. Schließlich stellen ja die meisten von Phillips' Arbeiten massenkulturelle Darstellungen in einem anderen, traditionell als Kunst kodierten, Medium noch einmal dar. Und es geht dabei offensichtlich nicht bloß um den V-Effekt der Mediatisierung der Mediatisierung als solchen, sondern, genauer, um die Inszenierung von Rückkoppelungseffekten zwischen den sehr präzise gewählten massenkulturellen Vorlagen einerseits und der Malerei andererseits.
In dieser Perspektive fällt etwa Phillips' Interesse für bestimmte Aspekte der Licht- und Farbgebung auf, wie sie Film, Fotografie und Grafik der siebziger Jahre bestimmten. Das Zitat von heute eigentümlich dated wirkenden Lichtgebungskonventionen beispielsweise wird besonders eindrücklich bei *Nuclear* (1996). Anders als Warhol, der die Farbe gewissermaßen extern einsetzt, um seine Vorlagen zu verfremden, richtet sich Phillips bei den Farben hier offenbar nach seiner Vorlage – Modefotografie, wie es scheint, die offenkundig ihrerseits von der Pop Art gelernt hat – und überträgt sie zurück in die Malerei. Nicht nur thematisiert Phillips damit die vielfachen Feedback-Effekte zwischen bildender Kunst und visueller Kultur im Medium der Malerei selbst: Es handelt sich um eine realistische Darstellung einer an Pop-Malerei interessierten Fotografie. Gerade die realistische Übertragung der fotografischen Vorlage ins Ölgemälde bringt aber umso deutlicher die Mediendifferenz hervor. So zitiert die Ohrenpartie und der Umriss des streng zurückgekämmten Haars des Models im Gemälde wieder direkt Warhols Siebdruckeffekte. Im Falle von *Nuclear* erzeugt dieses Verfahren interessante Spannungen zwischen Realismus und Abstraktion, Räumlichkeit und Flatness, welche den jeweils anderen Pol mit affizieren. Die realistisch gemalten Partien treten als Farbflächen vor, die abstrakter gemalten werden zu Elementen einer realistischen Darstellung. Dieser Entstellungseffekt spielt bei vielen Arbeiten von Phillips eine Rolle. Am deutlichsten

wohl bereits bei *Mask* von 1995: Die kosmetische Gesichtsmaske tritt zugleich als malerische Farbfläche hervor. Wie um die Rolle des Mediensprungs für sein Verfahren zu markieren, lässt Phillips häufig das Übertragungs-Grid sichtbar unter der Farbe aufscheinen.

Interessant mit Bezug auf die durch Phillips' Medien-Übersetzungsarbeit erzeugte Spannung zwischen illusionistischer Räumlichkeit und materialer Flatness sind natürlich auch die Darstellungen bekannter Skulpturen wie *Jacko (after Jeff Koons)* oder die Bearbeitung von George Segals *Liberation Monument* (2001). An *My sweet Lord* (1999), der Darstellung einer 1975 für den *Playboy* fotografierten Ton-Büste von George Harrison, aber zeigt sich dieses Spannungsverhältnis besonders deutlich, und zwar an den Schattenflächen, an denen die Materialität der Malerei derjenigen der malerisch evozierten Plastik gegenübertritt.

Generell kann Phillips' Malerei durchaus auch für die Reflexionspotenziale einer Kunst stehen, die sich auf geradezu klassische Weise – in der Weise der Darstellung einer anderen Kunst (Fotografie, Skulptur) im Medium der eigenen – für das Problem der Medienspezifik interessiert. Gerade auch Phillips' neue, mit aufwändig hergestellten Aluminium-Hintergründen arbeitende Bilder können in diese Perspektive gerückt werden, scheinen sie sich – als Grisaille-Arbeiten – doch einerseits auf den klassischen Wettstreit der Künste (Paragone), andererseits aber auf den Oberflächenreiz der silbernen Flächen bei Warhol zu beziehen. Phillips geht es dabei allerdings nicht mehr darum, erneut den Beweis der Überlegenheit des einen traditionellen Mediums (Malerei) über ein anderes traditionelles (Skulptur) oder den Wettstreit mit einem neuen, technischen (Fotografie) anzutreten. Vielmehr geht es um die Reflexion auf die Spezifika der Malerei in einer Zeit, in der deren realistische Möglichkeiten nicht mehr ohne die der Abstraktion gedacht werden können.

Gleichsam nebenbei scheint Phillips so auch mit dem Missverständnis aufzuräumen, demzufolge etwa die Fotografie im Vergleich zur Malerei das »realistischere«, weil technisch überlegene, Medium ist. Stanley Cavell hat zu Recht darauf hingewiesen, dass letztere Annahme irreführenderweise nahe legt, dass das ältere Medium mit dem neueren um ein Projekt konkurriert, das des Realismus, das dann von dem neueren besser befriedigt werden konnte, und zwar mit dem Effekt, dass das ältere von dieser Aufgabe »befreit« wurde. Diese Vorstellung reduziert nämlich das realistische Projekt auf das mimetische der Herstellung von Ähnlichkeitsverhältnissen. Dass die Fotografie tatsächlich der Realität ähnlicher ist als die Malerei (weil ihre Zeichen indexikalisch auf sie verweisen), hat die Malerei keineswegs von der Auseinandersetzung mit der Frage entbunden, was Darstellung von Wirklichkeit in ihrem Fall heißen kann. Weshalb »Realismus« auch ein bis heute in immer neuen Interpretationen wiederkehrender und in Teilen von der Fotografie inspirierter Gegenstand in der Geschichte der Malerei geblieben ist. Auch die Entwicklungen hin zur Abstraktion sind daher nicht, zumindest nicht nur, auf die Einführung der Fotografie zurückzuführen, als wäre die Malerei von der Fotografie aus ihrer Arbeit am Projekt Realismus unehrenhaft entlassen worden. Vielmehr sah sich die Malerei aus der Entwicklung ihrer eigenen Logik heraus mit einer (modernen) Situation konfrontiert, in der Malerei und Realität sich nicht mehr gegenseitig *abzusichern* vermögen.[5]

Im Falle von Phillips nun scheint die Entscheidung, in dieser Situation realistisch zu malen, von *mehr* getragen als von dem Wunsch, der cleanen Debatte um Medienspezifik einen neuen Dreh zu geben. Wobei dies »Mehr« hier allerdings nichts mit dem Wunsch zu tun hat, zwischen uns und der Welt eine Art unverstellter Gegenwärtigkeit (presentness) zu erzeugen, wie Cavell unter Bezugnahme auf seinen Freund Michael Fried dem Projekt des modernen Realismus und der modernen Kunst generell unterstellt.[6] Im Gegenteil: Wenn es hier ein realistisches Projekt gibt, so bestünde es darin, im Medium der realistischen Darstellung den gegenwärtigkeitsästhetischen Effekt der Unverstelltheit gezielt zu unterlaufen. Und zwar durch die Erzeugung einer Präsenz (presence), die sich einzig über die Dimension der Verstellung zu etablieren vermag. Damit ist nun weniger der Umstand gemeint, dass bereits die Vorlage von Phillips' Realismus nicht die Realität selbst ist, sondern verschiedene Gestalten von deren Mediatisierung. Bei Phillips geht es weder um die dumm-»medienkritische« Suche nach einem authentischen Bild hinter dem Bild noch aber um die Bebilderung der ebenso dumm-»medienkritischen« These, dass der Mensch (hier: vor allem die Frau) den Medien nicht entkommen kann. Vielmehr handelt es sich um eine Form von Realismus, der die Dimension der Darstellung *weder* im Namen einer vermeintlich von dieser unverstellten Gegenwärtigkeit der Sujets (der Menschlichkeit hinter den Bildern etwa) leugnet *noch* aber bei der vermeintlich »kritischen« Reproduktion einer massenkulturellen Darstellung stehen bleibt. Was in den Bildern von Phillips passiert, was ihnen ihre eigentümliche Präsenz verleiht, ist dies: dass die Darstellung der Darstellung in eine abgründige Bewegung gerät, die sich weder bei formalistischen Thesen über das Medium der Malerei noch aber bei den Inhaltismen erster (z. B. in Form von Thesen über die Menschlichkeit der dargestellten Frauen) oder zweiter Ordnung (z. B. in Form von Thesen über die Unmenschlichkeit von deren massenkultureller Darstellung) beruhigen lässt. Realistisch sind diese Bilder einzig in dem Maße, in dem sie sich selbst – und damit ihren Vorlagen – *unähnlich* werden, in dem sie sich einer direkten Lesbarkeit entziehen. Darin, so meine ich, liegt das *ästhetische* Potenzial dieser Bilder im Unterschied zu ihren massenkulturellen Vorlagen.

Im Lichte dieser Perspektive wäre noch einmal der Blick auf die massenkulturellen Sujets zu richten, die Phillips auswählt. Ich habe oben schon angedeutet, dass sich die Ästhetizität von Phillips' Bildern meines Erachtens nicht über eine (formale oder moralische) Erhabenheit der malerischen Darstellung gegenüber den B-Qualitäten ihrer Vorlagen etabliert, sondern dass sie sich durch die Adaption von deren Qualitäten hindurch konstituiert. Dies gilt nun nicht nur für die Dimension des Dargestellten, sondern auch bereits für die der Darstellung. In beiden Dimensionen richtet sich die Obsession von Phillips zuweilen auf sehr spezifische Aspekte der visuellen Kultur vor allem der siebziger Jahre. Dies wird deutlich nicht nur am Faible für bestimmte Frisuren, Bikinistreifen, Brustwarzenformen oder die Weise, wie sie auf den jeweiligen Vorlagen in Szene gesetzt sind, sondern auch die Malweise selbst will – deutlich ist dies vor allem bei den Bildern der späten neunziger Jahre – das Investment in Aspekte einer gerade vergangenen populären Kultur nicht leugnen. Fast deutlicher noch als an bestimmte Protagonisten der Pop Art (Tom Wesselmann, Mel Ramos) oder an den Fotorealismus der Siebziger (Chuck Close) erinnern beispielsweise einige der Bilder an die Arbeiten von Guy Peellaert, bekannt von dem Zyklus *Rock Dreams* (mit Nik Cohn) und Plattencovern wie *Diamond Dogs* (Bowie). Das Interesse an einer vergangenen visuellen Kultur ist aufschlussreich. Nicht, weil mit dem Hinweis auf die Siebziger nun das eigentliche »Thema« von Phillips gefunden wäre – es finden sich durchaus auch Bearbeitungen der achtziger Jahre in Phillips' Œuvre. Das Interesse an einer vergangenen visuellen Kultur ist deshalb aufschlussreich, weil der Bezug auf gerade Vergangenes generell dem ästhetischen Entstellungseffekt entgegenkommt, an dem Phillips interessiert zu sein scheint.

Die eigentümlich unheimliche Präsenz von Phillips' Bildern hat viel mit einer Präzision der Nachträglichkeit, mit der gekonnten Inszenierung eines kulturellen Wiedergängertums zu tun. Dieser Effekt kommt in den meisten Werken von Phillips zum Tragen. So etwa bei den zeitspezifischen Details in den Porträts zumeist unbekannter Frauen, denen damit ein Zug zum Verfall einbeschrieben ist; es handelt sich deutlich um Bilder *vergangener* Schönheit. Dies überzieht die Bilder noch dort mit einem latenten Grauschimmer, wo sie in den leuchtendsten Farben gemalt sind; oft aber ist dies morbide Moment auch farblich explizit gemacht. So sehr deutlich zum Beispiel bei *Girl and Mirror* (1998) oder auch bei *Peel* (1996). Ebenso aber kommt der Wiedergänger-Effekt in den Bildern von Skulpturen (einst) berühmter Männer zum Tragen. Die zehn Jahre beispielsweise, die zwischen dem Jacko-Denkmal von Koons (1988) und Phillips' Jacko-Porträt nach Koons (1998) stehen, nehmen dem Porzellangebilde von Koons den Appeal der Affirmation und lassen es potenziell ins Gegenteil kippen. Auch ist Phillips' Malerei absolut ironiefrei. Noch der knallig auf der Brust einer Frau platzierte Smiley (*Untitled (Smiley)*, 2000) oder der kindliche Selena-Schriftzug im gleichnamigen Bild (*Selena*, 2001) verlieren jegliche Heiterkeit und werden zu Emblemen des Abgrunds. Wer die Bilder von Phillips einfach nur geil findet, verwechselt offenkundig seinen eigenen Willen zur Geilheit mit der Qualität der Bilder. Tatsächlich scheint es fast unmöglich, über deren unheimliche Abgründigkeit hinwegzusehen.

Bereits die Wahl der Vorlagen sowie – und dies ist sicher nicht zu vernachlässigen – die Wahl des Ausschnitts aus diesen scheint weitgehend von einer Sensibilität für deren latente Unheimlichkeit bestimmt. Das in diesem Sinne psychoaktive Potenzial der Sujets steckt in vielen unterschiedlichen Details: in der Untersicht zum Beispiel bei *Horizontal Blonde* (1996), *Tongue* (1997), *Large Nude* (1997), *Origin of the Milky Way* (1998) und *Artist* (2001) oder in der abjekten Gesichtsmaske bei *Peel* (1996). Es steckt in den blonden Nackenhärchen unter der ausgestellt künstlichen Hautfarbe bei *Miss Samsonella* (1998), dem Wackeleffekt bei *Shaking* (1997), in der Unschärfe bei *Brandbild* (1997) und *Ingrid Boulting* (2002), dem Ausdruck und der Anordnung der *Three Women* (1998) oder in der Weise, wie die weißen Männerhände sich von unten ins Bild der schwarzen Frau schieben (*Blessed Mother*, 2000). Und es steckt in Details wie den Haaren bei *Venetia Cuninghame* (2002), der Seifenblase bei *Suzanna Leigh* (2002) oder – most uncanny – in den Brillengläsern bei *Scout* (1999). Eben diese Details werden von Phillips verstärkt, buchstäblich vergrößert: ins Monströse gesteigert. Sie werden zur entscheidenden Qualität, deren Verstärkung alle anderen Bildentscheidungen zu motivieren scheint.

Die Aufmerksamkeit für Aspekte der Massenkultur, die sich gegen die Bedürfnisbefriedigungskultur kehren, für die sie produziert worden sind, motiviert wohl auch

Phillips' besonderes Interesse für die Pornographie der siebziger Jahre. In dieser spezifischen Phase pornographischer Bildproduktion konnten zwar deren Formen und Rituale noch mit den emanzipativen Restbeständen des gesellschaftlichen Aufbruchs der sechziger Jahre verbunden werden, zugleich jedoch partizipierte sie bereits an der kommerziellen Perversion von Hippiekultur und sexueller Befreiung. Die Ambivalenz dieser Phase war das Thema des Films *Boogie Nights*: Der eigentliche Niedergang des Porno-Business in die endgültige Kommerzialisierung beginnt hier erst in den Achtzigern. Phillips hingegen geht es offenbar nicht um einen nostalgischen Rückblick auf die Siebziger oder – was immerhin auch möglich wäre – um eine wie auch immer verkomplizierende Hommage an die kulturindustriellen Heldinnen der eigenen Adoleszenz. Sein Blick auf diese Zeit ist ein heutiger, der in den pornographischen Bildern jener Zeit gezielt die visuellen Symptome einer *gesellschaftlichen* Perversion aufsucht. Wollte man dieses Moment zuspitzen, so könnte man sagen, dass diese Malerei mehr mit der polemisch gegen die Ideologie einer Pansexualisierung der Welt gerichteten Gleichsetzung von Pornographie und Faschismus zu tun hat, mit der Andrea Dworkin Ende der Siebziger die Sexualunschuld einer Generation zerstörte, als mit einer Feier des Pornographischen. Die Konstellation von *Negation of the Universe* (2001), dem phantasmatischen Bild einer weiblichen Ejakulation, mit dem Porträt eines karikaturhaft grinsenden George Bush (*The President of the United States of America*, 2001) einerseits und der ausschnitthaften Darstellung von George Segals *Liberation Monument* (2001) andererseits macht diesen kulturpessimistischen Zug geradezu überexplizit. Für den Hintergrund von *Liberation Monument* hat Phillips erstmalig Blattgold verwendet. Vor diesem wirken Segals ohnehin schon zu Stein erstarrten Akteure der Befreiung aber nur umso steinerner. Die goldenen Zeiten sind vorbei. Was bleibt, ist die Möglichkeit, künstlerisch jene Momente in den massenkulturellen Darstellungen zu forcieren, welche die kommerzielle Perversion sexueller Befreiung auf diese zurückwenden. Wenn man hier von Kritik reden will, so richtete sich diese nicht gegen den vermeintlichen Ruin der Idee sexueller Revolution selber, wie Bernhard Bürgi in einem Katalogtext zu Phillips unter Bezugnahme auf Michel Houellebecqs *Ausweitung der Kampfzone* meint [7], sondern gegen die kapitalistische Perversion dieser Idee.

In diesen Zusammenhang einer kritischen Symptomatologie der visuellen Kultur der Siebziger gehört auch Phillips' Interesse für Blaxploitation-Images schwarzer Frauen. An den Typenkatalog entsprechender Filme erinnert nicht nur das burleske Minstrel-Bild *Miss Samsonella*, sondern auch die latente Gewalttätigkeit der weißen Männerhand am schwarzen Frauenbusen in *Blessed Mother* oder das Image der ebenso starken wie geheimnisvoll-magischen schwarzen Frau in *Three Women*. Wie bei Pornographie handelt es sich auch bei Blaxploitation nicht nur um ein B-Genre, sondern zudem auch um eines, das in Form und Handlung durchaus noch von einer Befreiungsbewegungsvergangenheit zehrt, während es diese und deren Akteure zugleich kommerziell ausbeutet. Auch hier scheint Phillips' pessimistischer Blick an einer Verselbstständigung solcher Momente interessiert, die die einfache Lesbarkeit oder unmittelbare Konsumierbarkeit der kommerziellen Images unterlaufen. Wenn Phillips' *Three Women* etwa auf höchst unheimliche Weise zurückzublicken scheinen, so ist dies auch hier nicht dadurch zu erklären, dass die Malerei imstande wäre, eine authentische Menschlichkeit hinter den kommerziellen Klischees freizulegen, sondern damit, dass die Malerei die ihrer Vorlage entnommenen kulturellen Topoi so gekonnt ins Unheimliche wendet, dass an ihnen ein Abgrund aufreißt, in dessen Leere der Betrachter mit der Lebendigkeit seiner eigenen kulturellen Prägungen konfrontiert wird.

Die eigentümliche Präsenz von Phillips' Realismus, so haben wir gesagt, konstituiert sich in dem Maße, in dem deren Sujets sich selbst unähnlich werden – *bigger than life* sozusagen. Die programmatisch überlebensgroßen Bilder entziehen sich einem unmittelbar sexuellen ebenso wie einem unumwunden moralischen Zugang. Und sie sind natürlich auch nicht umstandslos als feministische Kritik, schon gar nicht Dworkin'scher Prägung, zu lesen. Und zwar nicht nur deshalb, weil die unselig erfolgreiche Allianz von Andrea Dworkin mit der Rechtswissenschaftlerin Catharine MacKinnon überall dort, wo sie politisch an Einfluss gewonnen hat, für ein Klima der Zensur gesorgt hat, in dem der Affekt gegen Pornographie »als solche« (was immer das genau sein mag) sich so verselbstständigt, dass eine kritische Auseinandersetzung mit dem Phänomen erotischer Ambivalenz etwa oder eine Diskussion so wichtiger Differenzierungen wie der zwischen ästhetischen und pornographischen Darstellungen verunmöglicht wird.[8] Aber nicht nur, weil Dworkins Radikalfeminismus, der sich für ein differenzierendes Hinschauen blind gemacht hat, mit den Ambivalenzinszenierungen von Phillips inkompatibel ist, können seine Bilder nicht einfach als »feministische« Statements gelesen werden – es wären ja schließlich auch moderatere Ansätze denkbar. Worauf ich hinauswill, ist grundsätzlicher: Phillips' Bilder lassen sich *generell* nicht auf kulturkritische Aussagen reduzieren. Und zwar deshalb nicht, weil die Unheimlichkeit hier nicht nur auf die Sujets bezogen werden muss, sondern auch auf das Moment einer strukturellen Un-Heimlichkeit zwischen Werk und Betrachter.
Eben in diesem Strukturmoment aber könnte vielleicht auch eine erste Antwort auf die schwierige Frage stecken, wie zwischen Pornographie oder genereller: Massenkultur und Kunst zu unterscheiden sei. Deren Differenz begründete sich dann nämlich auf Seiten der Kunst mit einem Moment des Entzugs, das jeden unmittelbaren Konsum ebenso wie die identitätslogische Festlegung der Arbeiten auf eine wie auch immer kritische Bedeutung notwendig unterläuft. Das Ästhetische in diesem Moment, in der *Verstellung* eines konsumistischen oder verstehenden Zugangs, zu lokalisieren, heißt aber auch, es nicht auf bloß formale Qualitäten zu reduzieren. Die ästhetische Qualität dieser Bilder entfaltet sich vielmehr in einer Bewegung, die zwischen verschiedenen formalen Momenten und semantischen, durchaus auch politischen, Bezügen hin- und herspielt, ohne dass sich diese Bewegung jedoch je in einem formal oder inhaltlich bestimmten Endergebnis stillstellen ließe. Weil den Betrachtern an Phillips' Bildern die Möglichkeit einer bloß wiedererkennenden Identifikation verstellt ist, wird sich jede pornographische oder pornographiekritische Selbstevidenz (»I know it when I see it«) zersetzen, und zwar zugunsten eines Prozesses, in dem die BetrachterInnen mit der unheimlichen Lebendigkeit ihrer eigenen kulturellen Hintergrundannahmen, mit der gesellschaftlichen Schicht an sich selbst, konfrontiert werden. Eben darin liegt, so meine ich, das ästhetisch-politische Potenzial von Phillips' realistischem Projekt.

1 Vgl. hierzu Winfried Menninghaus, Ekel. Theorie und Geschichte einer starken Empfindung,
   Frankfurt am Main: Suhrkamp 2001.

2 Ronald Jones, *Gleams of Past Existence*, in: Richard Phillips, Ausstellungskatalog Kunsthalle Zürich,
   München: Schirmer / Mosel 2000, S. 56 – 68.

3 Thomas Eggerer, *Der Blick der Medusa*, in: Texte zur Kunst (35), 1999, S. 312 – 315; Isabelle Graw,
   Show Girls, in: Texte zur Kunst (41) 2001, S. 99 –105.

4 Ronald Jones, *Gleams of Past Existence*, a.a.O., S. 64.

5 Vgl. Stanley Cavell, The World Viewed. Reflections on the Ontology of Film, London / Cambridge, Mass.:
   Harvard University Press 1979, S. 21.

6 Ebd., S. 22.

7 Bernhard Bürgi, *Unschuld*, in: Richard Phillips, a.a.O., S. 49 – 53, hier: S. 53.

8 Vgl. zur feministischen Pornographie-Debatte Juliane Rebentisch, *Nur Bilder. Pornographie und Politik*,
   in: A.N.Y.P. (9) 1999, S. 26 – 27.

**Richard, deine Bilder sind ganz schön
üble Kampfmaschinen!**

David Rimanelli

Kindheit

»Jede Periode wirft einen sehr langen Schatten voraus. Die eigene Periode ist die
Zeit, in der man sehr jung ist.« Diana Vreeland, *DV*

Dies behauptet die legendäre *Vogue*-Herausgeberin in ihrer fabulierfreudigen Auto-
biografie. Laut Vreeland wäre Richard Phillips' Periode demnach die Zeit seiner
frühen Kindheit, also die späten sechziger und frühen siebziger Jahre – eine Lebens-
phase, in der sich Blitze heftiger, unauslöschlicher Erinnerungen wahllos mit den
Erinnerungen an Ältere, mit freudschen Verdeckungserinnerungen und realen historischen Daten vermischen. Wenn ich meine eigene Vergangenheit betrachte,
erinnere ich mich immer daran, dass ich in dem Jahr geboren wurde, in dem Sylvia
Plath Selbstmord beging und John F. Kennedy ermordet wurde – übrigens auch
Phillips' Geburtsjahr. Jener eigentlich vollkommen kontingenten Chronologie habe
ich allerdings immer eine gewisse persönliche, verblendet-mythische Bedeutung
beigemessen. Ich glaube mich an die erste Mondlandung erinnern zu können, ganz
deutlich aber erinnere ich mich an das Verfahren gegen die Black Panthers in New
Haven, wo ich aufwuchs, sowie an den Vietnamkrieg und an Watergate.
Ein Sinn für die erträumte und erinnerte frühe Jugend durchströmt Phillips' Bilder:
unterm Bett gehortete eselsohrige Ausgaben von *Penthouse* und *Oui*, das ausge-
bleichte Schimmern des Swinging London. Beide Katalogtexte zur Ausstellung des
Künstlers in der Kunsthalle Zürich im Jahr 2000 setzen sich ausführlich mit diesem
Thema auseinander: Bernhard Bürgis Aufsatz hat den Titel »Innocence«, während
der Text von Ronald Jones mit einem Sinnspruch aus William Wordsworths »Tintern
Abbey« beginnt. Darin preist der Dichter die Vorstellungskraft, die er tiefsinnig mit
dem ungetrübten Blick des Kindes assoziiert. Dieser Vergleich wirkt etwas bizarr,
wenn auch interessant. Bei den meisten der in Zürich ausgestellten Bilder handelt
es sich um Darstellungen von Frauen, die, könnte man in einem umgekehrten Fall
des Fettabsaugens Fleisch in Phillips' seltsam leere Ikonen pumpen, sich ohne Zwei-
fel als Damen der Nacht erweisen würden. »J'aime l'horreur d'être vierge, et je veux
vivre parmi l'effroi qui me font mes cheveux«, ruft Mallarmés Hérodiade aus.
Phillips' Heldinnen mögen sich zwar ebenfalls im Glanz ihres gelösten Haares
sonnen, doch der Schrecken der Jungfräulichkeit ist dabei vermutlich nicht von
besonders großem Interesse.

Jenseits von Gut und Böse
»Ich bin eifersüchtig auf das Leben großer Künstler: der Genuss von Geld, Kunst,
Überfluss – all das gehört ihnen. Wenn ich doch nur eine schöne Tänzerin hätte
sein können – oder ein Violinist, wie hätte ich doch geweint, geseufzt, geliebt,
geschluchzt.« Gustave Flaubert, *Tagebücher*

Die Bilder von Richard Phillips aus der Mitte der neunziger Jahre sind in höchstem
Maße Produkte ihrer Zeit, eines Moments im wirbelnden Strudel von Namen und
Trends der Kunstwelt, die häufig das kalte Fieber und den Glamour der sechziger
Jahre-Pop Art wiederholte. Seine Gemälde wirkten unverschämt schmeichelnd, the-
matisch waren sie gleichermaßen provokant und banal. Waren Phillips' Bilder, in
der Regel zusammengepflückt aus alten Modemagazinen und Pornoheften aus den

sechziger und siebziger Jahren, symptomatisch für eine Regression politischer Inhalte, und gaben sie sich darüber hinaus womöglich einem bestimmten passiven Anti-Feminismus hin? Oder handelt es sich bei ihnen um die listigen Nachkommen der »bilder-« und warenkritischen Kunst der späten siebziger und der achtziger Jahre – eines Zeitraums also, in dem sich der anscheinend mühelose Übergang von einer »widerständigen«, theorielastigen künstlerischen Praxis zu einer verschlagen-zynischen, theorielastigen künstlerischen Praxis vollzog? Ist Phillips ein guter Junge, oder ist er in Wirklichkeit wahrhaft böse? Seine Gemälde mit ihrer makellosen, und doch undurchlässigen Oberfläche sind treffende Symbole für das Schicksal der Pop Art, die auch weiterhin emphatisch den Gesamtkontext zeitgenössischer Kunst benennt. Wenn man sich nur einem Bruchteil der umfangreichen Literatur zur »ursprünglichen« Pop Art widmete – vielleicht indem man sich dabei der Bequemlichkeit halber nur auf ihren größten und fruchtbarsten Vertreter, Andy Warhol, beschränkte – würden dem heutigen Leser kaum die konkurrierenden Strömungen innerhalb ihrer Rezeption entgehen, entweder als (schädliches) Symptom einer medienbezogenen, auf den Massenmarkt ausgerichteten Kultur oder aber im Sinne einer Reaktion, einer offenen oder zumindest potenziellen Kritik eben jener Verhältnisse. Man hat mir berichtet, dass bei der Rezeption von Phillips' Kunst in Deutschland – beispielsweise in *Texte zur Kunst* – seine Arbeit häufig als entschieden politisch und kritisch bezeichnet wird. In den Vereinigten Staaten, wo derzeit ein großer Kult um den Künstler als Celebrity getrieben wird und Künstler zum festen Inventar der Modemagazine gehören, gelten seine Arbeiten als intime Reflexionen der aktuellen Szene und nicht des Glamours der zitierten Quellen.

Eigenartigerweise erinnert mich das in Phillips' Werk formulierte Dilemma an einen auf drastische Art anderen Künstler, nämlich an Gustave Flaubert. Angeekelt von der Kraftlosigkeit früherer Literaturmodelle – und dem beharrlichen Sog, den solche Formen auf ihn ausübten –, zog er donquichotisch aus, den schönen Täuschungen der Romantik im kalten Licht des reinen Stils zu neuer Bedeutung zu verhelfen. Der grausame und dennoch feine Stil von *Madame Bovary* sollte unbarmherzig den billigen Firnis romantischer Empfindsamkeit abstreifen, die in den Tagebüchern aus den Jugendjahren des Schriftstellers so wirkungsvoll herausdestilliert wurde. So wurde aus Flaubert der Apostel des Realismus, der klarste Visionär der gebrochenen französischen Kultur in der Mitte des neunzehnten Jahrhunderts, der Banalität und Tragödie auf einem vergoldeten Silbertablett servierte. Der Eremit von Croisset schrieb seiner sich ewig fügenden, unglücklichen Mätresse: »Mein Buch wird die Fähigkeit besitzen, über dem doppelten Abgrund von Lyrik und Vulgarität einen Balanceakt zu vollführen.« Führen wir doch einmal einen Suchen / Ersetzen-Vorgang durch: Löschen wir »Flaubert« und »Romantik«, und ersetzen wir sie durch »Phillips« und »Pop«.

What Becomes a Legend Most?
»Time may change me, but you can't change time.« David Bowie, *Changes*

Die Frage »What becomes a legend most?« wurde in den siebziger Jahren im Rahmen einer berühmten Werbekampagne für Blackglama-Pelze formuliert. In einer Fotoserie sah man eine Reihe glamouröser, häufig älterer Frauen, beispielsweise die

amerikanische Dramatikerin Lillian Hellman – Divas –, die in prächtige dicke Nerz-
mäntel gehüllt waren. Was also wird am wenigsten zur Legende? Was strebt nach
einem legendären Status, versinkt jedoch nur in Schande und Anonymität? Schöne
Versager, ein Aussehen, das nicht bestehen konnte und nicht zum wahren Ruhm, zu
wahrem Startum ausreichte. Die Frauen in Phillips' jüngster Serie *Birds of Britain*.
Diese Gemälde, ausgeführt in silbriger Duotone-Farbigkeit, basieren auf einem
Buch mit Fotos von John d Green, das von David Tree gestaltet wurde – gibt es da
irgendein Verwandschaftsverhältnis zu Penelope Tree, dem legendären britischen
Model aus der Oberschicht, die Richard Avedon zur selben Zeit in seinen Fotos ver-
ewigt hat? Green selbst war offensichtlich eine Art David-Bailey-Nebenprodukt.
Dies ist das Swinging London, das London von Mary Quant und Marianne Faithfull,
Carnaby Street und King's Road, Annabel's und Bubbles Rothemere. Die Namen
der Motive von Green / Phillips klingen irgendwie vertraut – Ingrid Boulting, Rory
Davis, Venetia Cuninghame –, doch ihr Ruhm war, anders als der von Tree und
Twiggy, nicht von Bestand. Die Mindesthaltbarkeit von Models ist notgedrungen
eher kurz. Suzanna Leigh, die Lippen erwartungsgemäß leicht geöffnet, das blonde
Haar in einem Zustand schicker Unordnung, streckt ihren Hals, um einen Blick auf
eine nicht identifizierbare Spiegelung in einer schwebenden Seifenblase zu erhei-
schen. P(l)op(p) …

Oder was wird trotz seiner selbst zur Legende? Nun, vielleicht unser derzeitiger
Oberbefehlshaber, George W. Bush, das Motiv, das auf Phillips' wohl berüchtigts-
tem Bild innerhalb seiner letzten New Yorker Ausstellung mit dem Titel »America«
auftauchte, übrigens derselbe Titel, den Warhol seinem letzten Buch gab. Die Ausstellung war gerade einmal einen Tag eröffnet, als die Ereignisse des 11. September
ihren Lauf nahmen. *The President of the United States of America* nahm seinen Platz
in der Gesellschaft großbrüstiger, sapphischer Zwillinge ein (*The Bourgeoisie*), einer
Blaxploitation-Verführerin (*Selena*) und einer Frau, aus deren Vagina eine Flüssig-
keit spritzte (*Negation of the Universe*). Das Bush-Porträt, dessen bin ich mir ziem-
lich sicher, wäre zumindest in der New Yorker Kunstwelt als hämischer Kommentar
zu jenem einfältigen Nimrod aufgenommen worden, der inzwischen der mäch-
tigste Mann der Welt ist. Doch wie Adam Lehner bemerkt, haben »die Anschläge
all dies verändert. (…) Roberta Smith von der *Times* äußerte die Ansicht, dass man
von einem Augenblick auf den anderen ›Würde und Monumentalität hineinlesen
[konnte], als sei es ein Modell für eine Skulptur auf dem Mount Rushmore, und man
konnte die tiefmagentaroten Paneele, die das Gesicht flankierten, als einen Versuch ansehen, rot und blau zu mischen‹.« (»Moving Pictures«, in: Artforum, Oktober
2001). Herrgott noch mal – da denkt man, dem ganzen postmodernen Kontext-
Kontext-Kontext-Trip ist endlich die Luft ausgegangen, und wir sind wieder bei der
kantischen / greenbergschen Selbstgenügsamkeit und Medienspezifität und dem
Eidos und wer weiß was noch angelangt, und dann passiert *so etwas*.

Übersetzung: Ralf Schauff

Yilmaz Dziewior: Du entnimmst deine Bilder Mode-, Highlife- und Pornomagazinen ebenso wie dem Internet, Büchern über Kunst und Kunstgeschichte sowie Zeitschriften. Wie gehst du vor? Beginnst du mit einer bestimmten Fragestellung, oder findest du zuerst ein besonderes Bild und entwickelst daraus das Thema?

Richard Phillips: Es gab nie den einen Weg, um eine Werkgruppe zu beginnen. Es fing damit an, dass ich Zeitschriften auf der Straße fand, und seitdem gab es zahlreiche Veränderungen. Bei der ersten Werkgruppe begann es mit einem Bild, *Mask* (1995), und entwickelte sich von dort aus weiter, ausgehend von der Erkenntnis einer abgrundartigen Leere hinter den Bildern aus den sechziger und siebziger Jahren, die ich fand, und davon, wie diese Bilder die Stimmung in der Musik, Mode und allgemeinen kulturellen Haltung der mittleren Neunziger widerzuspiegeln schienen. In jedem Fall findet ein Prozess des Redigierens statt, der mehrere Phasen durchläuft. So können sich Themen aus der Erkenntnis entwickeln, dass zwischen divergierenden Interessen sublimierte Beziehungen bestehen. Das *Portrait of God* (1998) geht zurück auf die Erinnerung, dass ich in den achtziger Jahren im Kellergeschoss der Zeitschrift »Interview« gearbeitet hatte, wo ich von Exemplaren der Rob-Lowe-Nummer umgeben war. Das brachte mich dazu, über den Skandal während der Dukakis-Kampagne nachzudenken, in dem es um Sex mit einer Minderjährigen ging. Von dort aus war *Jacko* (1998) eine selbstverständliche Weiterentwicklung. In der Dekade nach der »Banality«-Ausstellung hatten die Schicksale sowohl von Michael Jackson als auch von Jeff Koons einen ähnlichen Verlauf wie das von Mr. Lowe genommen, und die vormals hoch gepriesenen, banalen, kommerziellen Abstraktionen der beiden Medien Illustration und Skulptur hatten durch das Scheitern dieser Individuen, ihre öffentlichen Rollen mit ihrem komplexen Privatleben in Einklang zu bringen, vielfältige neue Assoziationen hinzugewonnen. Andererseits können Bilder auch von anderen gefunden werden und auf Grund von gutem Timing in eine gerade entstehende Bildgruppe passen, wie im Fall von *Origin of the Milky Way* (1998) und *Valentino* (2000). Bei *Origin …* besuchte ein Freund die National Gallery in London und schickte mir eine Postkarte des gleichnamigen Gemäldes von Tintoretto. Monate später war ich auf einer schmachvollen Suche nach Bildideen, als ich in einem Pornoladen auf der 8th Avenue auf dieses Motiv stieß. Da wusste ich, dass ich eine Möglichkeit gefunden hatte, um eines der großen Themen der Kunstgeschichte, das Schöpferische, durch den physischen Beweis von Überraschung und Betrug in Angriff zu nehmen. Im Fall von *Valentino* erhielt ich das Bild als Geburtstagskarte von meiner Freundin Jenny Bornstein, die mein Rob-Lowe-Bild kannte und an mich dachte, als sie ein altes »Interview«-Heft durchblätterte. Das daraus entstandene Bild vervollständigte konzeptuell eine Gruppe weiblicher Porträts, die später in jenem Jahr in der Galerie Max Hetzler ausgestellt werden sollte. Valentinos Präsenz als chirurgisch veränderter, schwuler Schöpfer der äußeren Erscheinung von Frauen inmitten einer Porträtsammlung von Frauen, die von frühen Telefonsex-Anzeigen inspiriert war, stellte eine widersprüchliche Beziehung her, die jede bequeme Lesweise der Ausstellung durchkreuzte. Mit jeder Werkgruppe versuche ich, die zuvor festgesetzten Methoden der Bildfindung über den Haufen zu werfen, um die Möglichkeit zu schaffen, dass mir etwas Unbekanntes in den Sinn kommt.

Y. D. Die erste Ausstellung, die ich von dir gesehen habe, war bei Johnen & Schöttle in Köln, wo du – wenn ich mich richtig erinnere – nur vier große Bilder gezeigt hast. Es gab dort deine Darstellung einer Tonbüste von George Harrison (*My Sweet Lord*) und ein sehr verwirrendes Bild einer jungen Frau mit einer Pfadfindermütze, einer großen roten Sonnenbrille und einem grünen Hemd, das aufgeknöpft ist, um ihre Brüste zu zeigen (*Scout*). Das Bild ist nicht nur verstörend auf Grund des Alters des Mädchens, die alles zwischen zwölf und Anfang zwanzig sein könnte, sondern auch dadurch, wie es mit der Macht des Blicks arbeitet. Es scheint, als ob die Frau die Situation kontrollierte, anstatt ein Sexobjekt zu sein. Dann gab es das Bild mit dem seltsamen Titel *LVE LOVR UOIN*, das sehr stark an ein grafisches Poster der siebziger Jahre denken lässt, das die freie Liebe preist. Es wirkte wie ein Kommentar des Bildes auf der gegenüberliegenden Wand, *The General*, das zwei Männer zeigt: einen blonden Mann, der seinen Arm um die Schultern eines dunkelhaarigen Beau legt. Der dunkelhaarige Mann hält einen kleinen Hund auf dem Arm, der auch als Logo auf den T-Shirts der beiden erscheint. Es ist nicht klar, ob es ein schwules Paar mit einem Hund als Baby ist, oder ob sie einfach Freunde sind, die im gleichen Büro arbeiten. Soweit ich weiß, war das Bild eine Valentino-Anzeige aus den achtziger Jahren. Wenn man bedenkt, dass George Harrison nicht nur für seinen Drogenkonsum bekannt war, sondern auch wegen eines großen Skandals, in dem es um Sex mit minderjährigen Mädchen ging, schien sich die gesamte Ausstellung sehr stark um die Idee sexueller Befreiung zu drehen. Wie war der Zusammenhang zwischen den vier Bildern?

R. P. Als Jörg Johnen die Abbildungen dieser vier Bilder erhielt, fragte er mich nach den Beziehungen zwischen ihnen. Meine Antwort von 1999 lautete folgendermaßen:

Lieber Jörg,

was die Quellen meiner Bilder betrifft, so sind alle von Abbildungen inspiriert, die ich in Männermagazinen der sechziger, siebziger und frühen achtziger Jahre fand. Der Zusammenhang zwischen den vier Bildern besteht in ihren Darstellungen von Liebe, Moral und Sexualität. Das Bild mit dem Titel *My Sweet Lord* wurde von einer Abbildung in den »Pop Jazz Awards« im »Playboy Magazine« 1973 angeregt. Der Titel bezieht sich auf die äußerst erfolgreiche, gleichnamige Solo-Single von George Harrison. Dargestellt in Form einer billigen Tonskulptur, nimmt Harrison die Form einer spirituellen und moralischen Autorität an. Seine alttestamentarische Strenge oder Hippie-Christus-ähnliche Erscheinung verleiht ihm eine richterliche Haltung, während er (wie im Fall von Harrison selbst) für Drogenmissbrauch und Sex mit Minderjährigen wirbt. Dieser Widerspruch zwischen den verschiedenen Botschaften – in Verbindung mit dem gotischen Bildhauerstil der Skulptur als Auszeichnung eines Pornomagazins – deutet auf eine Scheinheiligkeit der Lebensführung hin, die das Kennzeichen öffentlicher, weißer, männlicher Machtfiguren der späten sechziger und auch der neunziger Jahre ist. Das *LVE...*-Bild (dessen Titel das bezeichnet, was man auf dem Bild sieht, wo das Wort »Liebe« impliziert ist, aber nie ausgesprochen wird) wurde von einer Abbildung angeregt, die eine Interpretation des »Flapper-Chic«* der zwanziger Jahre im Twiggy-Stil der späten Sechziger, frühen Siebziger zeigte. Die Abbildung war offensichtlich von einem Foto inspiriert, doch

das Fehlen einer fotorealistischen Behandlung dient als ideologisch und formal zweidimensionaler Kontrapunkt zu der physischen, skulpturalen, dreidimensionalen Darstellung von *My Sweet Lord*. Der reine Oberflächen- oder oberflächliche Charakter des Bildes schließt das Thema fest innerhalb seiner sachlichen, abstrakten Repräsentation ein. Die Werbung für dimensionslose Liebe unterbindet den – sexuellen oder anderweitigen – Verkehr mit dem »durch das Leben getrennten« formalen Gegensatz von *My Sweet Lord*. Das Bild mit dem Titel *The General* steht in Opposition zu dem Unvermögen des zuvor genannten Bildes, sich auf spirituelle oder formale Kategorien zu beziehen. Angeregt von einer Anzeigenwerbung für Valentinos Bekleidungslinie »Oliver« aus dem Jahr 1983, untersucht das Bild das Thema der Spekulation über die Art der Beziehungen zwischen den beiden Männern und ihrem Hund. Sie könnten ein schwules Liebespaar oder Bürokollegen oder beides sein. Der Hund könnte ihr Ersatzkind sein. Die Tatsache, dass sie weiß, glücklich und – mit gleichen Hemden und Armbanduhren – gut gekleidet sind, liefert Hinweise, von denen eine Entzifferung des Bildes ausgehen könnte. Der lebendige Realismus und die Subjektivität einer möglichen schwulen, stabilen, liebevollen und im positiven Sinne familiären Beziehung von *The General* steht auch in direktem Gegensatz zu der Implikation des strengen, unbeugsamen religiösen Gesetzes, das von der Jesus- / Mosesfigur in *My Sweet Lord* gehütet und von *LVE…* übertreten wird. Das Bild mit dem Titel *Scout* geht auf ein Hardcore-Pornofoto zurück, auf dem das Model die Uniform der amerikanischen Pfadfinder trägt, um sexuelle Fantasien junger Männer anzusprechen. Das Ziel, abweichendes sexuelles Verhalten einer anscheinend Minderjährigen (unter achtzehn, mit Bezug auf Harrisons sexuelle Transgressionen) zu zeigen, schlägt ein anderes Bild von Liebe vor als die Madonna / Maria-Koksbraut-Ikone in *LVE…* und die beiden jungen Männer in *The General*. Die Projektion männlicher Fantasien von Männern für Männer in *Scout* hebt das Gefühl auf, an einer Beziehung zu partizipieren – sowohl durch das physische Bild des Mädchens, das in einem vollkommen schwarzen Raum isoliert ist, als auch durch die vage Spiegelung ihrer Masturbation in der Sonnenbrille, die ungefähr aus dem Jahr 1973 datiert.
Mit besten Grüßen, Richard

Y. D. Deine letzte New Yorker Ausstellung kreiste um das Bild *The President of the United States of America*; es zeigt Bush, kurz nachdem er die Ergebnisse der Wahl vernommen hatte, die ihn zum Präsidenten machte. Das Bild wirkt wie eine eigenartige Karikatur. *The Bourgeoisie* zeigt nackte weibliche Zwillinge – im Kontext der Ausstellung könnte man sie als Bushs Töchter sehen. *Old Granddad*, die Markenzeichen-Figur eines Bourbon-Etiketts, fungiert als Kommentar zu Bushs früheren Alkoholproblemen. *Liberation Monument* und *Negation of the Universe* können beide als Ausdruck sexueller Befreiung verstanden werden. Worum ging es bei den Bildern *Selena* und *Artist*? Wie sind sie in diesem Zusammenhang zu interpretieren?

R. P. Der Schlüssel zur Interpretation von *Selena* und *Artist* in meiner Ausstellung »America« liegt in dem Wort »Freiheit«, das in Bezug auf persönliche Souveränität und Unterordnung stark überstrapaziert wird. *Selena* geht auf eine Nahaufnahme aus einem pornografischen Layout zurück, wo ihr Mund den erotischen Fokus bildete. Aus diesem Kontext herausgenommen, sollte ihr Porträt als eine totale sinnliche und politische Weigerung fungieren, die anglo-kolonialen Repräsentationen zu vervollständigen, die die Ausstellung dominieren. Ihre Beziehung zu dem Bild von Bush steht für ein Prozent der Bevölkerung, die damals wie heute nicht glaubt, dass er der Präsident ist. Das Profil von *Selena* sieht absichtlich weg, während ihr Blaxploitation-Markenname ihren Protest kommerziell umlenkt und unterdrückt. Ihre Schönheit sollte ein Gefühl von Selbstbestimmtheit und Macht jenseits, aber dennoch umgeben und kodiert von einer Mehrheitskultur – Kunst und Nichtkunst – verstärken. *Artist*, das letzte Bild in der »America«-Ausstellung, wurde ausgesondert und in einem eigenen Raum isoliert. Der Titel dieses Bildes verlegt den Ort der Subjektivität wieder aus der Ausstellung hinaus. Wörtlich genommen, ist der leicht von Drogen getrübte Blick der Künstlerin irgendwo auf die Mitte des Raumes gerichtet, wo sich das Subjekt (der Betrachter) befindet. Die Zurschaustellung ihrer Brüste über ihrem BH bezieht sich auf Versuche, sexuellen Kommerz einzusetzen, um mehr Betrachter, das heißt Subjekte, anzuziehen. Die erst seit kurzem befreiten Künstler sind auf Selbsterniedrigung als so genannter »Ausdrucksfreiheit« angewiesen, um sich erfolgreich in die ästhetische / nicht-pornographische Welt gesellschaftlicher Bedeutung zu integrieren. Bei beiden Bildern dient das Fehlen einer spezifischen, klaren Bedeutung oder Beziehung zueinander insgesamt dazu, Bilder eines statischen Kampfes zu produzieren, um unter Millionen vereinter Amerikaner ihre Freiheit oder Souveränität zu behaupten.

Y. D. Nach den Terrorangriffen auf das WTC veränderten sich die Reaktionen auf diese Ausstellung grundlegend. Einige Kritiker beschrieben das Bush-Porträt sogar als heroisch. Roberta Smith schrieb in der New York Times: »Vor zehn Tagen hatte das große Grisaillebild von Präsident Bushs Gesicht, das in der Ausstellung von Richard Phillips' gespenstischen neuen Bildern in der Galerie Friedrich Petzel zu sehen war, ausdruckslos und leicht sarkastisch gewirkt. Doch jetzt war das Bild – in der Stadt, die auf der Landkarte nach der Wahl die Hauptstadt des *blue country*** war – plötzlich frei von Ironie und erschien lebendiger, vielleicht, weil man es eingehender und mit einem Gefühl größerer Vertrautheit betrachtete. Man konnte Würde und Monumentalität hineinlesen, als sei es ein Modell für eine Skulptur auf dem Mount Rushmore, und man konnte die tief magentaroten Paneele, die das Gesicht flankierten, als einen Versuch ansehen, rot und blau zu mischen.« Einige Kritiker sahen in dem Bild der George-Segal-Skulptur Ähnlichkeiten mit den von Asche bedeckten Rettungskräften. Wie siehst du solche kontextabhängigen Interpretationen deiner Arbeit im Allgemeinen und der »America«-Ausstellung im Besonderen?

R. P. Gerade diese Bedeutungsverschiebung, die die Autoren bei meinem Bush-Porträt bemerkten, und die Tatsache, dass Menschen ihre Gedanken an diejenigen, die damals aus der Asche hervorkamen, auf das Bild *Liberation Monument* projizierten, beschreibt ein seit langem verfolgtes Ziel, die Kontrolle über die zu erwartende Bedeutung eines Bildes aufzugeben, um vielfältige metaphorische Möglichkeiten zu eröffnen, die nicht miteinander übereinstimmen müssen. Die Bilder der »America«-Ausstellung, die Du erwähntest, waren spezifisch darauf angelegt, um auf diese Weise zu funktionieren. Vielschichtige Referenzen und formale malerische Interpretationen werden einander gegenübergestellt, um diese Kettenreaktion auszulösen. Die plastischen Day-Glo-Paneele des Bush-Porträts waren ein Versuch, die präsidiale Autorität des Bildes zu neutralisieren, indem sie das zeitungspapiergraue Bild des Oberbefehlshabers wie durch DKNY-Modeplakate unter Druck setzten. Das Bild von Segals »Gay Liberation Monument« wurde auf ähnliche Weise aus dem öffentlichen Kontext herausgenommen und in einen privaten Bildraum aus nicht-säkularem, 22-karätigem Gold platziert. Der Angriff des 11. September legte eine Lesweise des Bildes im Sinne von Heldentum und Erinnerung nahe. Das war ein kollektives psychologisches Nebenprodukt äußerer öffentlicher Vorgänge in dieser Zeit. Meine Bilder sind bewusst anfällig für äußerlich anwendbare und voreingenommene Bedeutungen, die dem Bild auf unvorhersehbare Art und Weise anhaften können.

Y. D. Du hast für die Eröffnung von »America« die Noise Band »Black Dice« eingeladen, die vor den Bildern auftrat. Der Geräuschpegel erreichte über 140 Dezibel und führte dazu, dass viele Leute den Raum verließen. Du hast ihre Musik als »Soundscape unserer bisher unerhörten Zukunft« beschrieben und erwähntest, dass »sie die Quelle einer neuen Kraft des Schalls« seien. Aus welchen Gründen hast du sie eingeladen, bei dieser Eröffnung zu spielen?

R. P. Im Herbst 2001 hat die New Yorker Galerienszene das Niveau eines verkauften, mit viel Geld ausgestatteten Konservatismus erreicht. Mit jeder neuen Galerie in »Museumsqualität« kam ein spürbares Gefühl von entropischer Schläfrigkeit auf. Meiner Erfahrung nach steckte die kreative Energie nicht in der Kunstwelt von Chelsea, sondern in einer wachsenden Noise-Music-Szene in Brooklyn. Als ich meine Ausstellung für die Friedrich Petzel Gallery (mitten in Chelsea) malte, wurden diese Punk- und Industrial-inspirierten Emanationen zum Soundtrack meiner Bilder. Als Black Dice (die kraftvollste und radikalste dieser Gruppen) zusagte, am Eröffnungsabend von »America« mitzuarbeiten, lud ich Bjorn und Eric Copland, Hisham Bharoocha und Aaron Warren ein, die Bilder im Entstehungsstadium anzusehen, und fragte sie dann, ob sie ein Stück schreiben könnten, das auf ihrer Wahrnehmung der Bilder basiert. Sie produzierten zwei Stücke für das Ereignis, und am 8. September um 19.30 Uhr ließen sie eine Klangexplosion detonieren, die in den Straßen von Chelsea widerhallte. Meine Absicht war, die Kunstbetrachtung in der näheren Umgebung meiner Ausstellung vollkommen zu unterbrechen. Ich wollte dem Dissens eine laute Stimme verleihen und die Ausstellung für eine Stunde von dem albernen »Networking« und den überschwänglichen Begrüßungen bei Vernissagen befreien. Black Dice positionierten sich vor dem Bild von Bush, neben *The Bourgeoisie* und *Negation of the Universe*, und schufen einen Raum, in dem die klangliche Ungeheuerlichkeit ihres Sounds schätzungsweise zweitausend Besucher lähmte, indem sie – abgesehen vom Klang und von den Bildern schierer Kommunizierbarkeit selbst – alle Formen von Kommunikation effektiv negierten.

Y. D. In *Liberation Monument* hast du zum ersten Mal Blattgold verwendet. Die neuen Bilder für deine Londoner Ausstellung *Birds of Britain* enthalten Schlagaluminium, das ähnlich wie Blattsilber wirkt. Solche Materialien haben eine lange Tradition, die bis zu den Anfängen der Malerei zurückreicht. Sie wurden früher verwendet, um die Bedeutung der dargestellten Figuren zu betonen und die Würde von Königen, Heiligen oder Göttern hervorzuheben. Wie kamst du dazu, diese Materialien zu verwenden? Was bedeuten sie für dich?

R. P. Die Spezifizität der Oberfläche und die Art und Weise, wie diese etwas kommuniziert, war in allen Phasen meiner Malerei wichtig für die Interpretation meiner Arbeit. Bei *Liberation Monument* war mein erster Impuls, die Skulptur aus ihrer öffentlichen Umgebung zu entfernen und mich auf die zeitliche Beziehung zwischen den beiden männlichen Figuren zu konzentrieren. Zuerst dachte ich an Goldfarbe, aber nachdem ich im Metropolitan Museum einen Tiepolo-Tondo gesehen hatte, wo eine Gipsplastik vor einem Hintergrund aus Blattgold dargestellt ist, beschloss ich, die traditionelle Verwendung von 22-karätigem Blattgold zu recherchieren. Seine Wirkung auf das Bild bestand darin, der Bildsprache eine ikonenhafte Qualität zu verleihen. Das Gefühl von grenzenlosem Raum und Licht ohne Bezug zur Realität betonte für mich die menschliche und mitfühlende Beziehung zwischen den Männern jenseits einer öffentlich sanktionierten sexuellen Politik oder anderer angestrebter Denkmalfunktionen von Segals Skulptur. Das Gold befreite die Funktion des Bildes der Skulptur von buchstäblichen Interpretationen und öffnete den Weg für eine visuell verstärkte Möglichkeit nicht vorhersagbarer Bedeutungen jenseits von langweiligen Pop-Ambitionen. Außerdem erzeugte das Gold eine Referenz auf einen nicht-säkularen Raum, innerhalb dessen das Monument (dessen Bedeutung aus der Mehrheit nicht-säkularer Ordnungen kategorisch ausgeschlossen ist) eine Botschaft menschlicher Liebe verbreiten kann. Bei dem spiegelnden Schlagaluminium des Hintergrunds, der Augen und Zähne in *Birds of Britain* war meine Absicht, die unbegrenzten, räumlichen Lichteffekte zu nutzen und das Auge buchstäblich einzuladen, in die Porträts hinein- und durch sie hindurchzugehen. Die Grisaillemalerei des Fleisches wird als eine hohle Maske eingesetzt, die die Subjekte noch stärker ihrer physischen und psychischen Subjektivität beraubt und die Porträts mit einem Gefühl der Orientierungslosigkeit und des Grauens zurücklässt.

Y. D. Die Anregung zu deinen *Birds of Britain*-Bildern kam aus einem Buch, das dir bei deinen Recherchen für das Bild einer Eule in die Hände fiel. Du hattest nicht vor, für London eine ortsspezifische Ausstellung zu machen, aber am Ende hatte sie sehr viel mit der Stadt zu tun, in der sie gezeigt wurde.

R. P. Intentionalität ist – wie alle anderen Teile meiner Arbeit – Umwegen, Umschwüngen und Veränderungen ohne Vorwarnung unterworfen. Nach dem 11. September kehrte ich zu meiner Arbeit zurück, indem ich nach dem Bild einer großen Ohreule suchte, ausgehend von der vagen Erinnerung an ein Bild von Picasso aus der Kriegszeit, das einen Vogel darstellt, der keine natürlichen Feinde hat. Bei meiner ornithologischen Recherche nach diesem Bild, dem ersten in meiner Sammlung von Bildern für eine Ausstellung bei White Cube in London, stieß ich auf ein Buch mit dem Titel »Birds of Britain«. Ich dachte zunächst, dass ich eine Quelle für

Eulenarten gefunden hätte, die in Großbritannien heimisch sind, und stellte dann zu meiner Überraschung fest, dass »birds« in der Terminologie der sechziger Jahre »Mädchen« bedeutete, und dass es sich bei dem Buch um einen Fotoband über die Londoner Generation der Jugendprotestbewegungen handelte. Vier Bilder aus dieser Quelle waren besonders inspirierend. Sie alle zeigten Frauen, die damals zweifellos auf der Höhe ihrer Popularität und ihres Ruhmes standen, aber im Lauf der Zeit wieder in Vergessenheit gerieten – ebenso wie ihr Fotograf John d Green, der im Stil von David Bailey rasch zum Gipfel der Szene aufgestiegen war. Es schien mir, als ob diese Bilder – wenn man sie liebevoll in einem abnorm vergrößerten Maßstab, mit Ölfarben und Aluminiumaugen, -zähnen und -hintergründen malte – ihr kollektives Scheitern offenbaren und eine Seite des Lebens zum Ausdruck bringen könnten, die sie gesellschaftlich, politisch und poetisch niemals hatten ansprechen sollen. Das heißt, einen wirklich entfremdeten Seinszustand, ein Porträt scheinbarer Bedeutungslosigkeit, in dem das Experiment zu leben im Vergleich zu einer Kontrolle der Enttäuschung getestet wird. Dadurch werden sie, um eine Formulierung von Giorgio Agamben aus seinem Essay »Means with no End« zu verwenden, zu Porträts der »Menschheit nach dem Scheitern der Völker«.

Y. D. Fast alle deine Bilder werfen die Frage nach der Repräsentation in der Popkultur auf. Im Gegensatz zur Pop Art, die behauptete, sich nicht aus der ästhetischen Hochkultur, sondern ausschließlich aus der Massenkultur abzuleiten, ließe sich deine Strategie als Pop Art zweiter Ordnung beschreiben, da sie bereits einen kritischen, theoretischen Diskurs einschließt.

R. P. Anstatt meine Arbeit der Pop Art entgegenzusetzen, habe ich sie eher als eine Erweiterung ihrer Konsequenzen verstanden. Ich nehme an, dass sie deshalb als eine Erfahrung zweiter Ordnung zu klassifizieren ist. Die Kombination von traditioneller, europäischer akademischer Malerei (Techniken, die von den Künstlern der Pop Art zugunsten einer Imitation industrieller und kommerzieller Verfahren abgelehnt wurden) mit Bildern, die häufig Zeitschriften der historischen Pop-Ära entnommen sind, führt zu einer Kollision formaler und kritischer Strategien. Dies verhindert lineare Denkweisen und Bedeutungen zugunsten der Möglichkeit veränderlicher Widersprüche. Wenn die Pop Art darauf abzielte, ein reiner Spiegel des kapitalistischen »Ich möchte eine Maschine sein« zu sein, dann strebt meine Arbeit danach, diesen Spiegel zu zerbrechen und die Kontrolle dieser statischen Agenden zu zerstören. Es gibt tatsächlich eine Menschlichkeit hinter dieser Leere, und das ist nicht die Menschlichkeit, die uns durch Zynismus und Ironie diktiert wird. Repräsentation ist in meiner Malerei nicht nur ein Mittel, um dieses Potenzial freizusetzen, sondern zugleich ein davon nicht zu trennendes Thema. Fehlinterpretationen, Vorurteile, Scheinheiligkeit, Widerspruch, Doppelzüngigkeit und Betrug sind eins mit Liebe, Güte, Hoffnung und Selbstbeherrschung. Ich möchte zu meinen Bildern keine distanzierte, kritische Beziehung herstellen, noch sind sie anschauliche Darstellungen moralisch akzeptabler Theorien.

Y. D. In welcher Beziehung stehen die Frauen, Männer, Tiere und Skulpturen, die du malst, zu den Bildern, die du von ihnen produzierst?

R. P. In den späten achtziger und frühen neunziger Jahren zielte die Appropriation in der Kunst oft darauf ab, die Gesellschaft und die Kultur zu kritisieren, indem man die Bilder der Macht – in einem Versuch, die korrupten Agenden größerer politischer Gebilde aufzudecken – direkt gegen ihre eigene Quelle wendete. Es gab eine entschiedene Trennung zwischen dem dargestellten Thema und seiner Form im Dienste einer gezielten Botschaft, die versuchte, auf höhere Ideale hinzuführen, während das Bild selbst entwertet wurde. In diesem Stadium wurde die Malerei im Allgemeinen auf den Status der Unterhaltung / Medien degradiert, während Repräsentationen von vormals expressiven Stilen als konzeptuelle Gesellschaftskritik gesehen wurden. Der so genannte Notstand der Malerei strebte nur nach ihrer eigenen Fortdauer als ein tot geborenes Medium, das auf die Sympathien eingeweihter Gönner spekulierte. Malerei als Medium wurde als eine illustrative Form angesehen, die ihre physische und visuelle Macht einem idealistischen Ziel opferte. Dabei hat die Malerei heute die Macht, gerade über diese Struktur miteinander verknüpfter Beziehungen zwischen Zeiten, Bemühungen, unüberbrückbaren Differenzen und Heucheleien nachzudenken und sie zu beherrschen, indem sie neue Gesten aus einer Position freisetzt, wo diese Täuschungen als eine Kontrolle in unserem aktuellen gesellschaftlichen Experiment angesehen werden können, und wo die Macht, die in die visuelle und physische Realität der Malerei einfließt, unseren entfremdeten und fehlbaren Zustand der Menschheit reflektieren kann.

Y. D. Wie würdest du, als weißer, angelsächsischer, heterosexueller Mann, dein Verhältnis zu bestimmten Themen deiner Bilder – wie zum Beispiel Sexismus oder die Verwendung stereotyper Bilder afroamerikanischer Frauen oder die sexuelle Befreiung von Schwulen und Frauen – beschreiben? Mein Eindruck ist, dass die Beschäftigung mit Fragestellungen, in die du selbst nicht unmittelbar involviert bist, dir ermöglicht, intellektuell eine größere Distanz zu bewahren, und diese daher leichter in konzeptuelle Arbeiten zu transformieren.

R. P. Als weißer, angelsächsischer, heterosexueller Mann wird mein Verhältnis zu gesellschaftlichen Fragen im Allgemeinen als einerseits privilegiert und andererseits kategorisch nicht von ihnen berührt definiert. Als Künstler erhebe ich keine Ansprüche auf moralische Autorität oder Verworfenheit. Trotzdem lebe ich in einer Welt und reagiere auf eine Umgebung, in der es eine Vielfalt von Lebenserfahrungen gibt, die sich von meinen eigenen unterscheiden. Meine Distanz zu diesen Realitäten ist faktisch und oft jenseits meiner Kontrolle. Meine Bilder greifen Stereotype aus dem Leben anderer Menschen auf und präsentieren sie, nicht als Hinweis auf meine Meinung über das Leben anderer, sondern eher als Katalysator für umfassendere Reaktionen auf diese, die sich auf die innere Bedeutung der Bilder beziehen. Es gibt keinen gerichtlich anerkannten Beweis, den man anführen könnte, um meine Beziehung zu diesen Bildern zu legitimieren. Apathie und Verantwortungslosigkeit sind ein fester Bestandteil des kommerzialisierten Kreuzzugs für Aufrichtigkeit. Unglaublicherweise besteht die Möglichkeit zu einer Kunst, die nach den neunziger Jahren weder predigen noch illustrieren wird und die den Zusammenhalt und die Ordnung, die die nivellierte Stagnation der modernen, gesellschaftlich relativistischen Kultur definieren, buchstäblich zerstören wird. Die Hoffnung besteht darin, für diese Themen günstige Bedingungen zu schaffen, wobei sich Denkweisen an der individuellen, unmittelbaren, sinnlichen Erfahrung des Lebens und der Schönheit in der Malerei als Kunst entzünden können.

Übersetzung: Barbara Hess

* Flapper: (in den zwanziger Jahren) Mädchen, das sich in Verhalten und Kleidung über die Konventionen hinwegsetzte. AdÜ.
** blue country: Bundesstaat, in dem die Demokraten nach Präsidentschaftswahlen die Mehrheit bilden. AdÜ.

Ingrid Boulting (After John d Green), 2002
Oil and aluminium leaf on linen
Öl und Aluminium auf Leinen
38,25 x 28,5 inches
97,15 x 72,4 cm

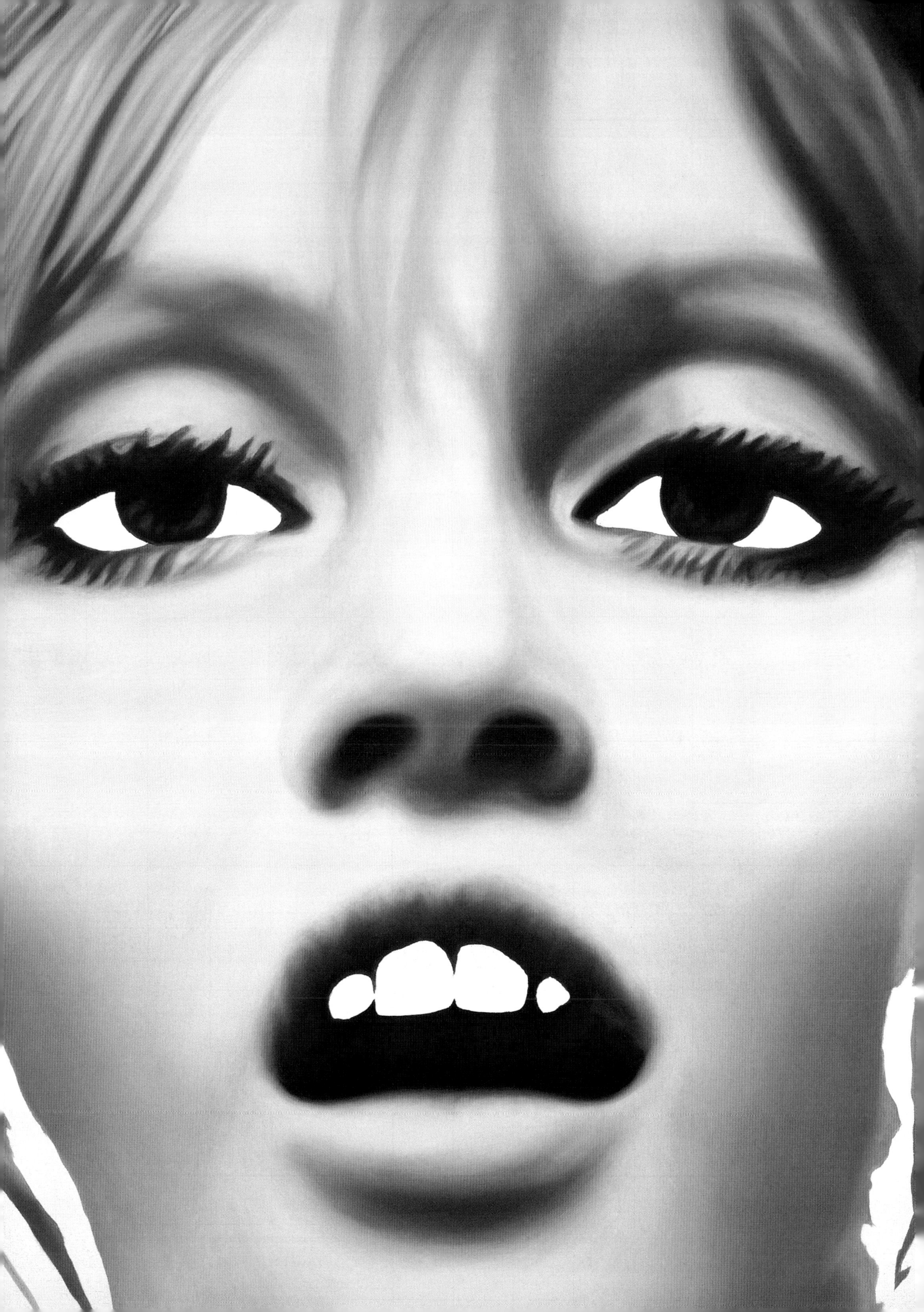

Rory Davis (After John d Green), 2002
Oil and aluminium leaf on linen
Öl und Aluminium auf Leinen
78 x 97,25 inches
198,12 x 247 cm

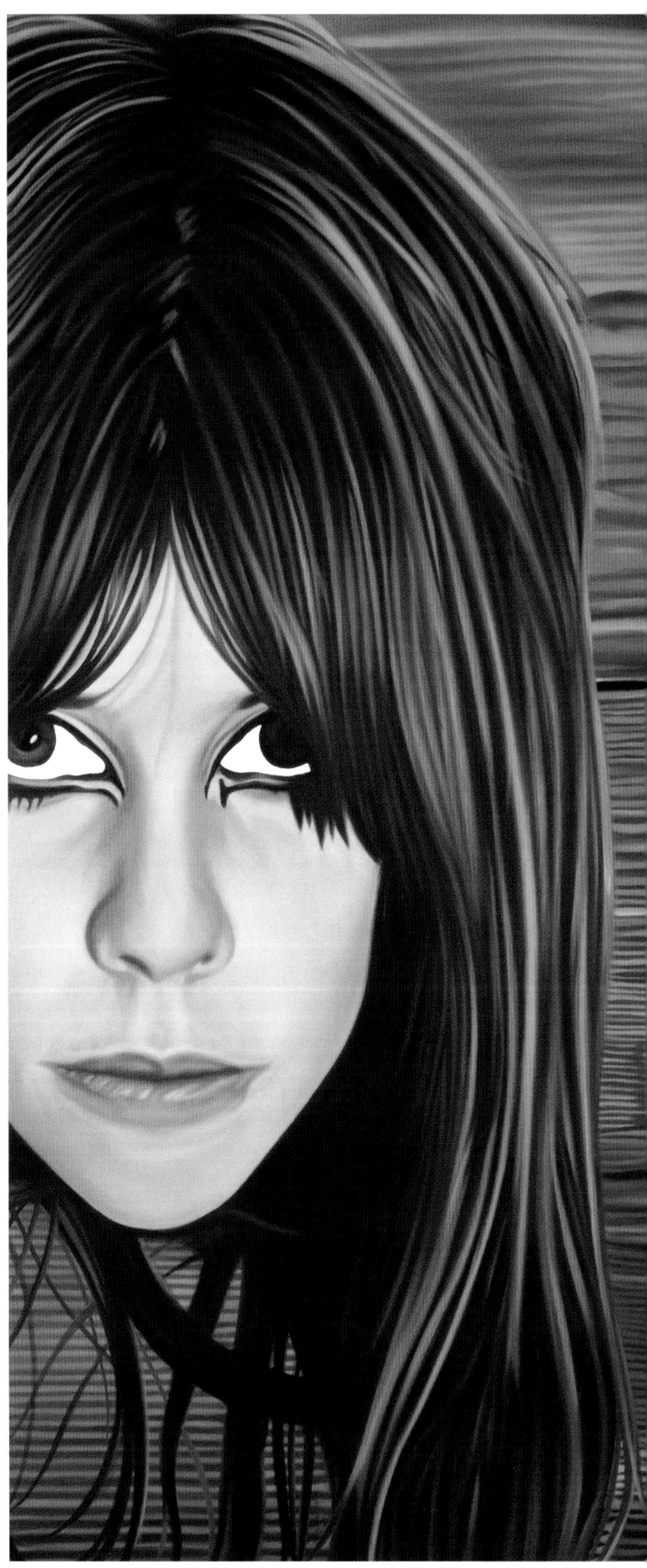

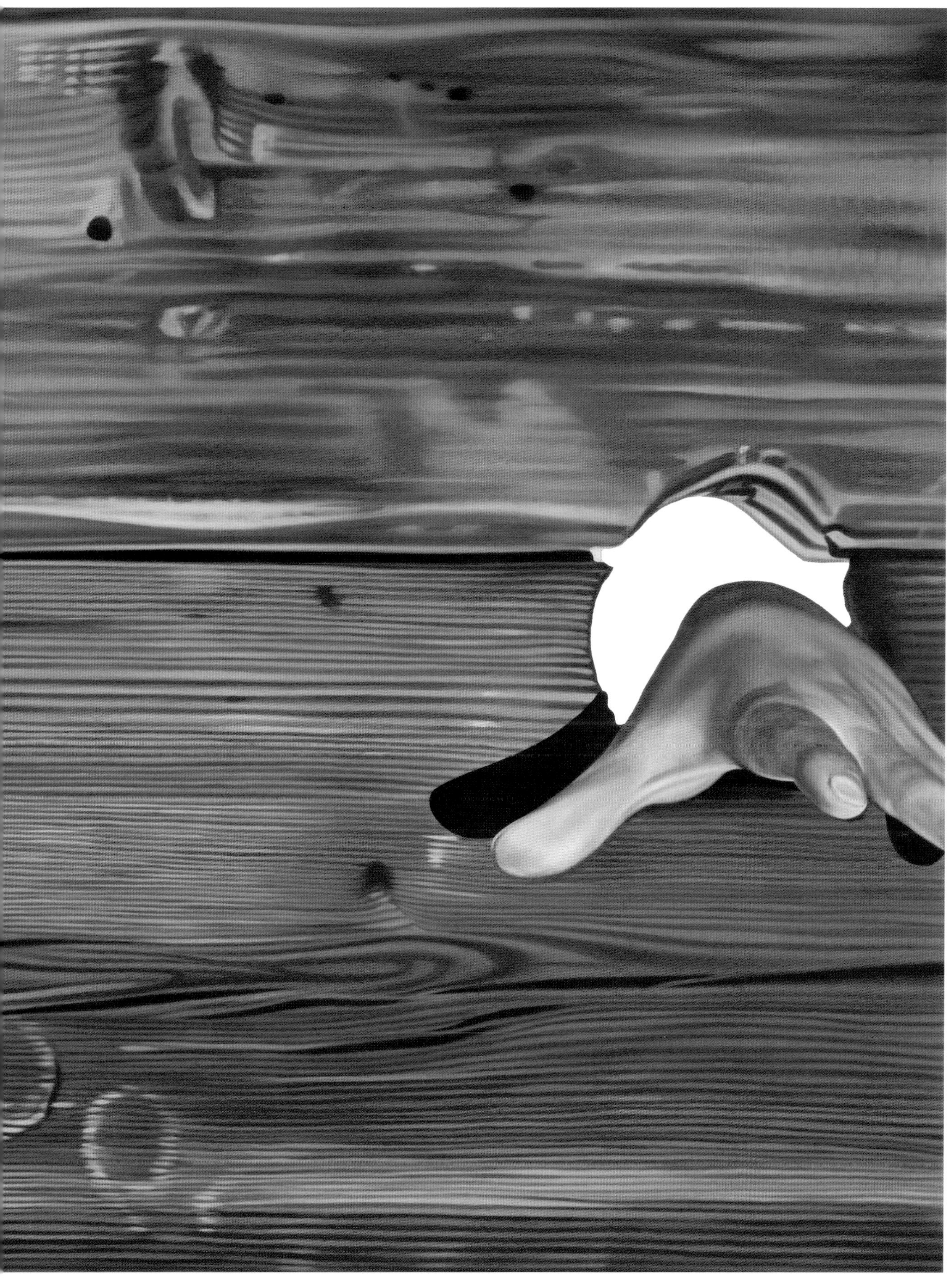

Suzanna Leigh (After John d Green), 2002
Oil and aluminium leaf on linen
Öl und Aluminium auf Leinen
78 x 78 inches
198,1 x 198,1 cm

Venetia Cuninghame (right), *(After John d Green)*, 2002
Oil and aluminium leaf on linen
Öl und Aluminium auf Leinen
84 x 64,5 inches
213,4 x 163,8 cm

Venetia Cuninghame (left), *(After John d Green)*, 2002
Oil and aluminium leaf on linen
Öl und Aluminium auf Leinen
84 x 64,5 inches
213,4 x 163,8 cm

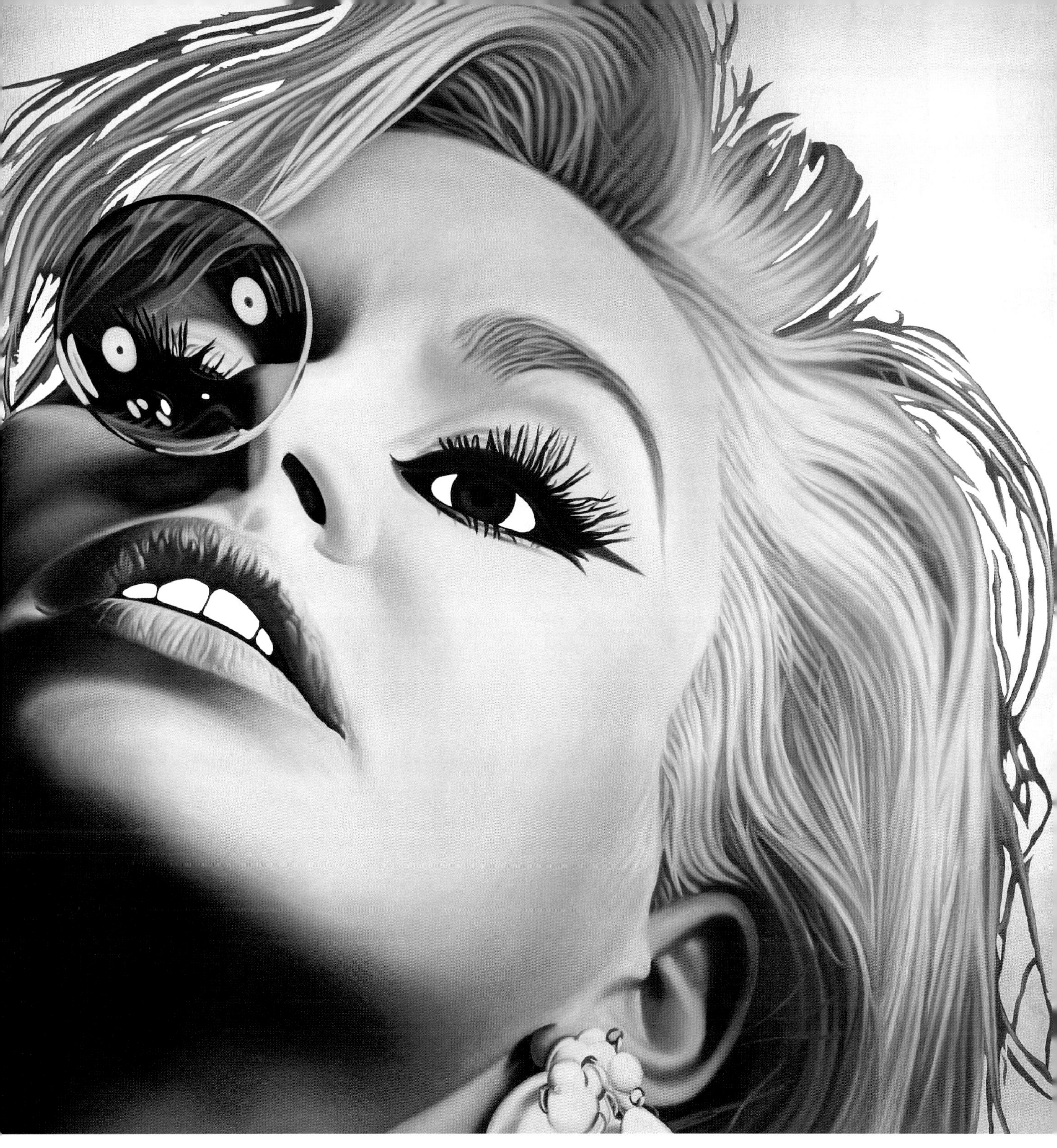

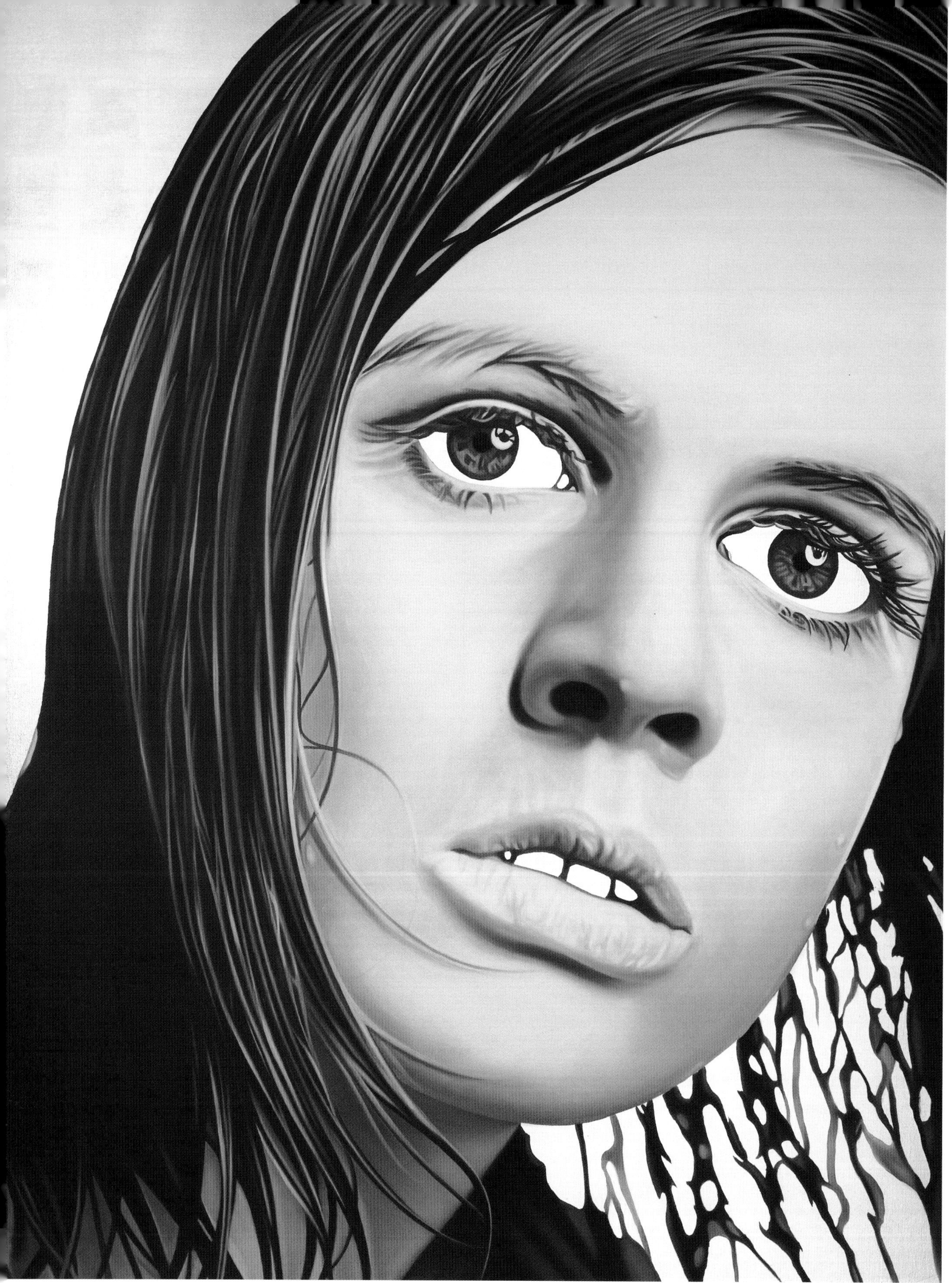

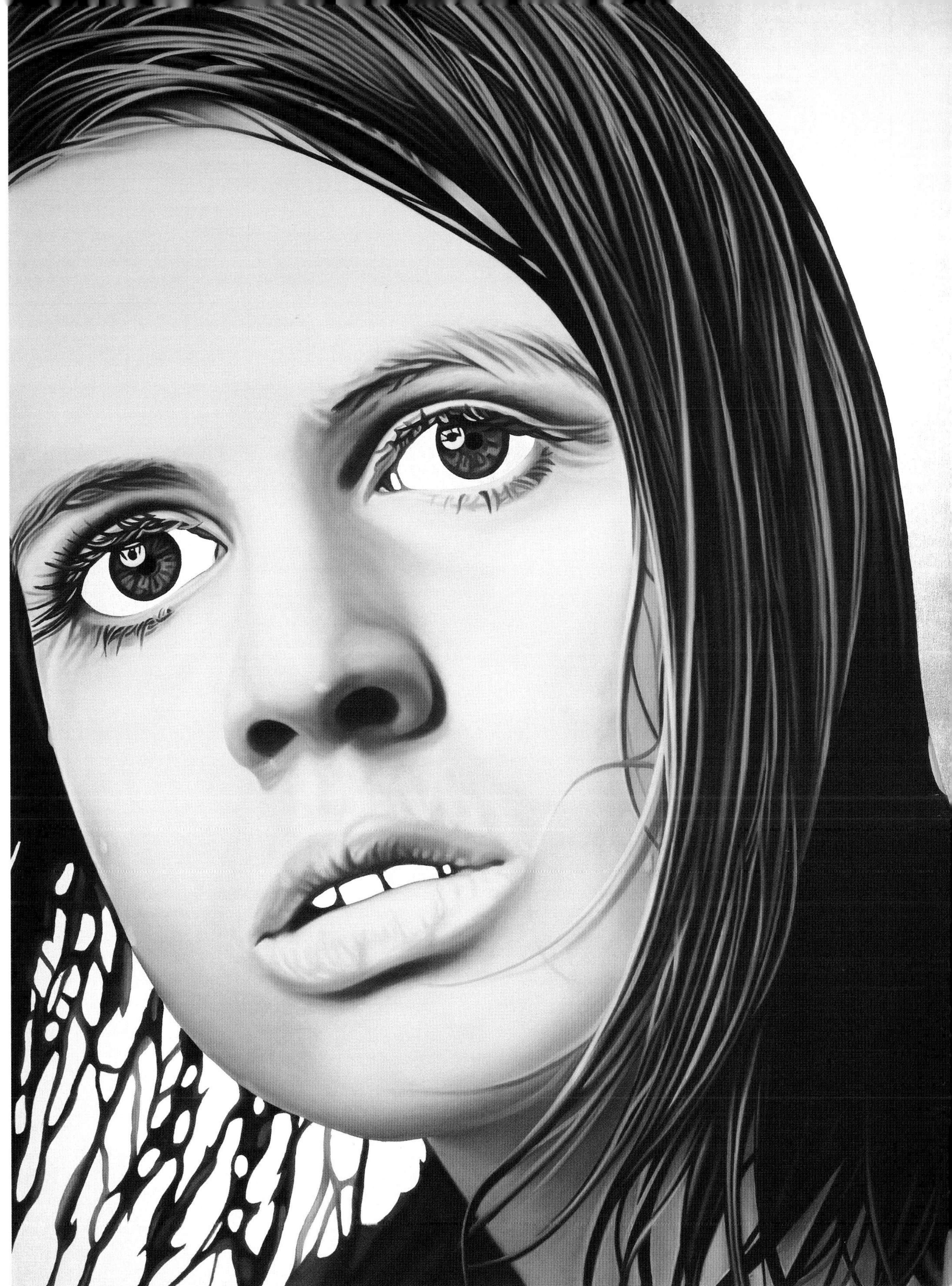

Artist, 2001
Oil on linen
Öl auf Leinen
102 x 87 inches
259,1 x 221 cm

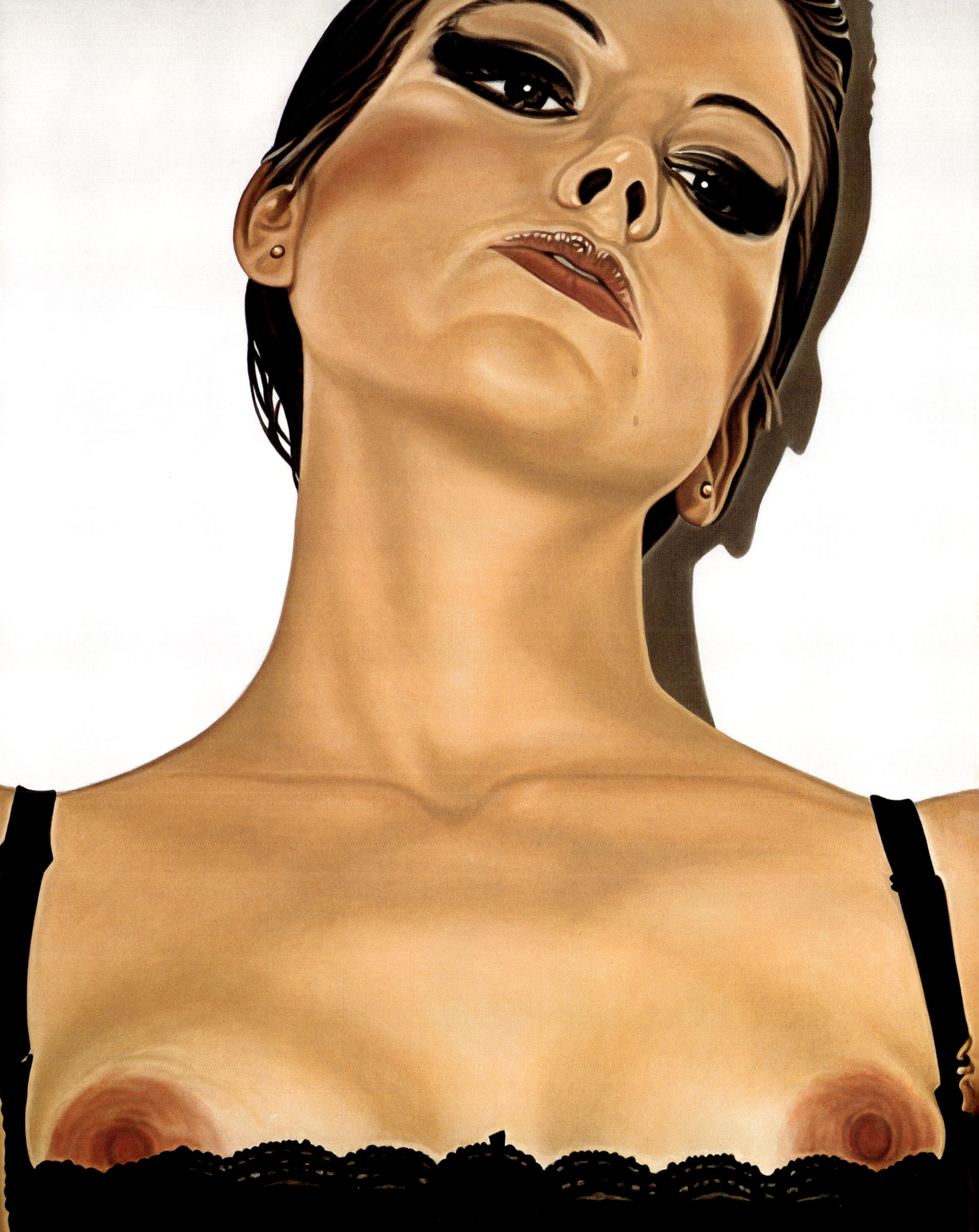

The Bourgeoisie, 2001
Oil on linen
Öl auf Leinen
108 x 85 ⁵/₈ inches
274,3 x 217,8 cm

Seite 40 / 41:
Liberation Monument, 2001
Oil and gold leaf on linen
Öl und Blattgold auf Leinen
111 x 148,25 inches
281,9 x 376,6 cm

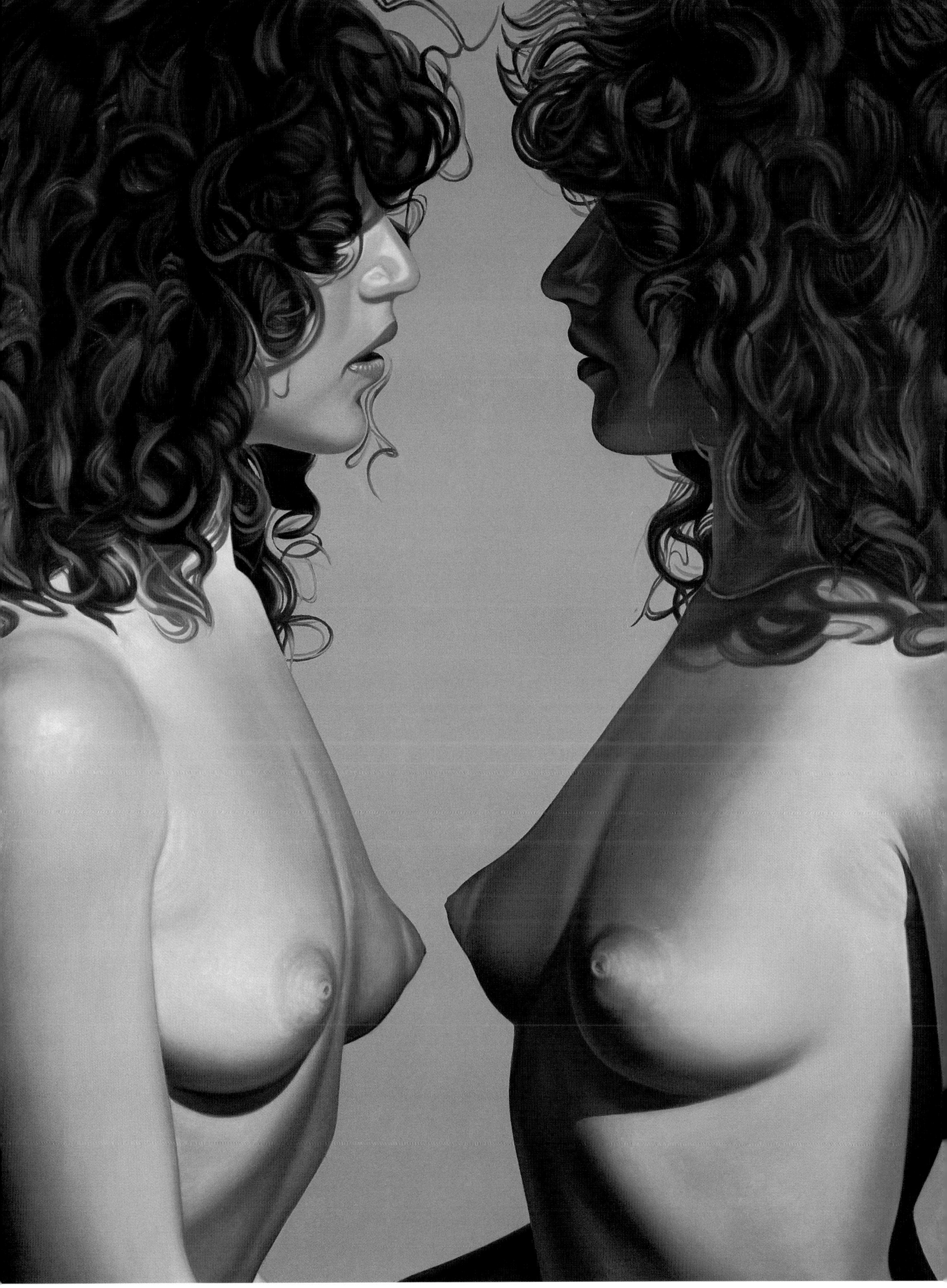

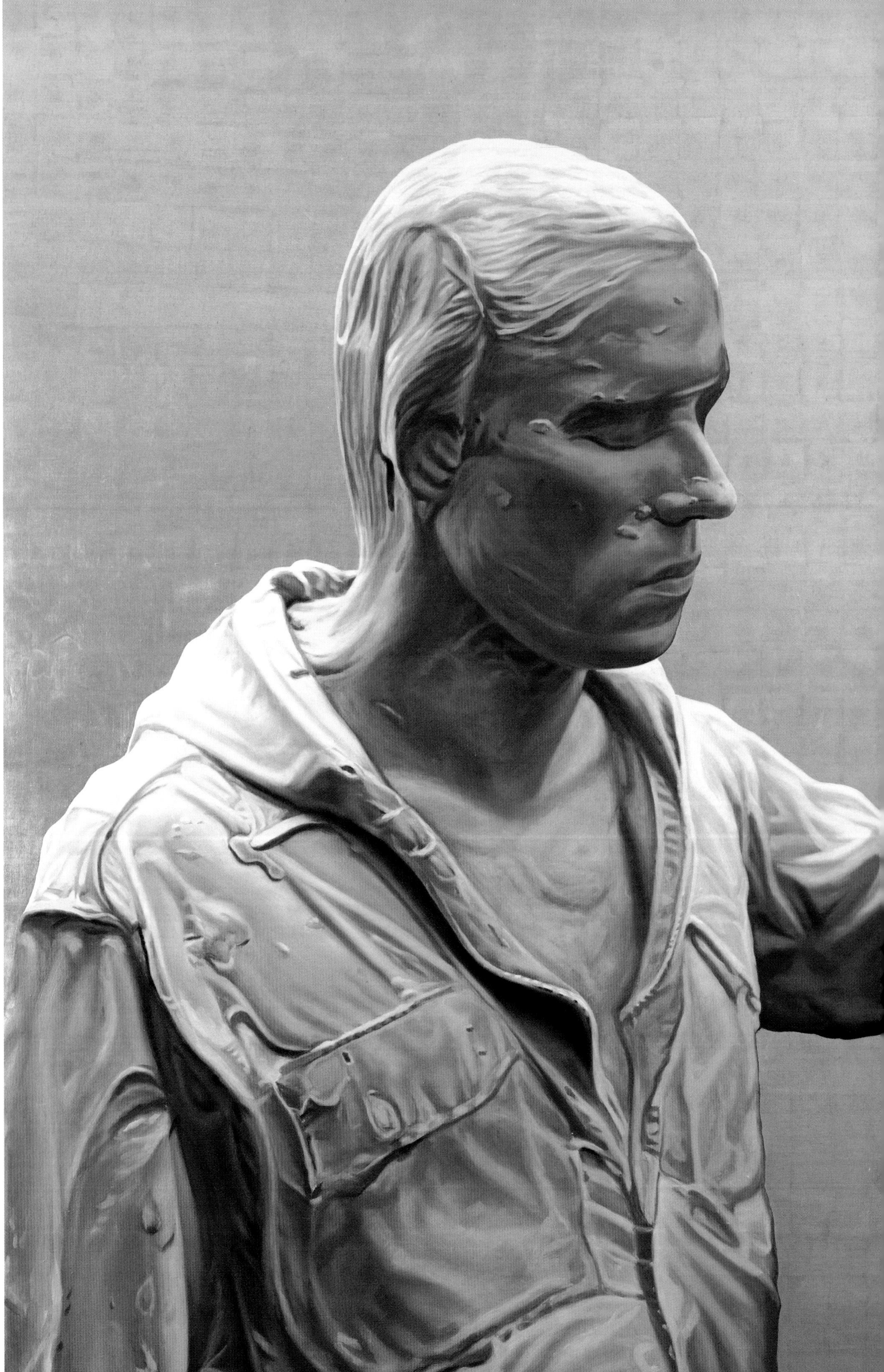

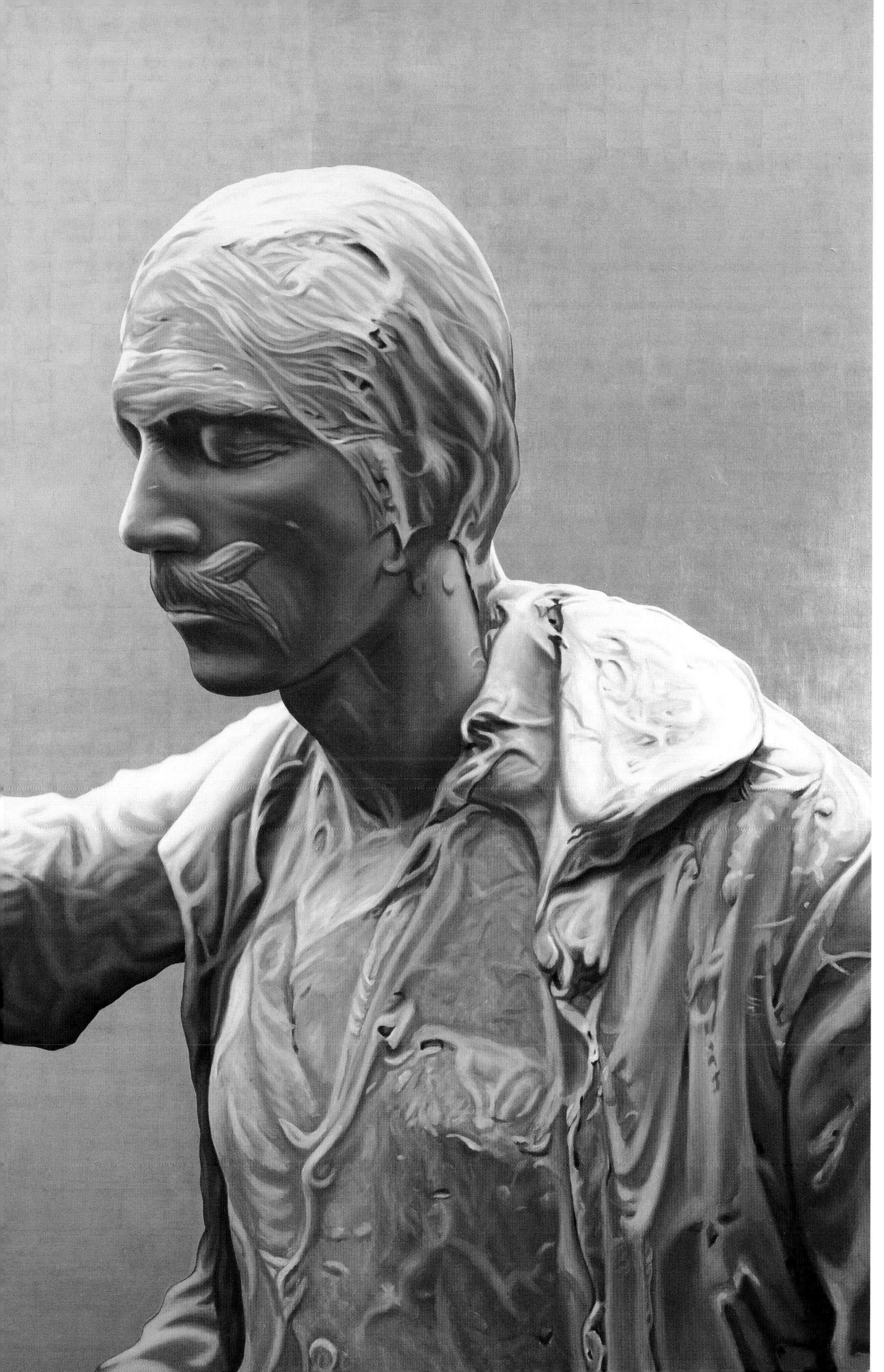

Negation of the Universe, 2001
Oil on linen
Öl auf Leinen
78 x 109,5 inches
198,1 x 278,1 cm

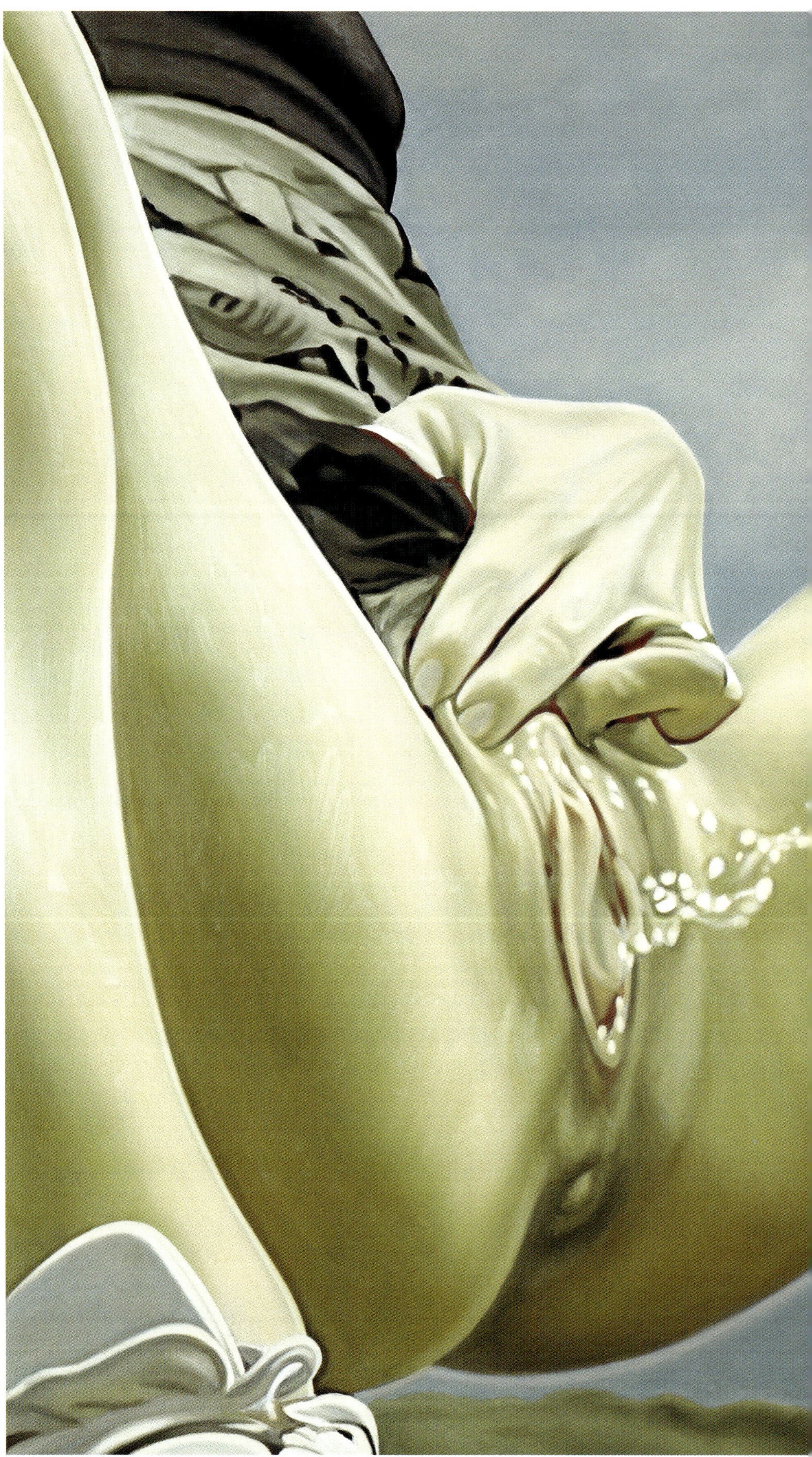

42

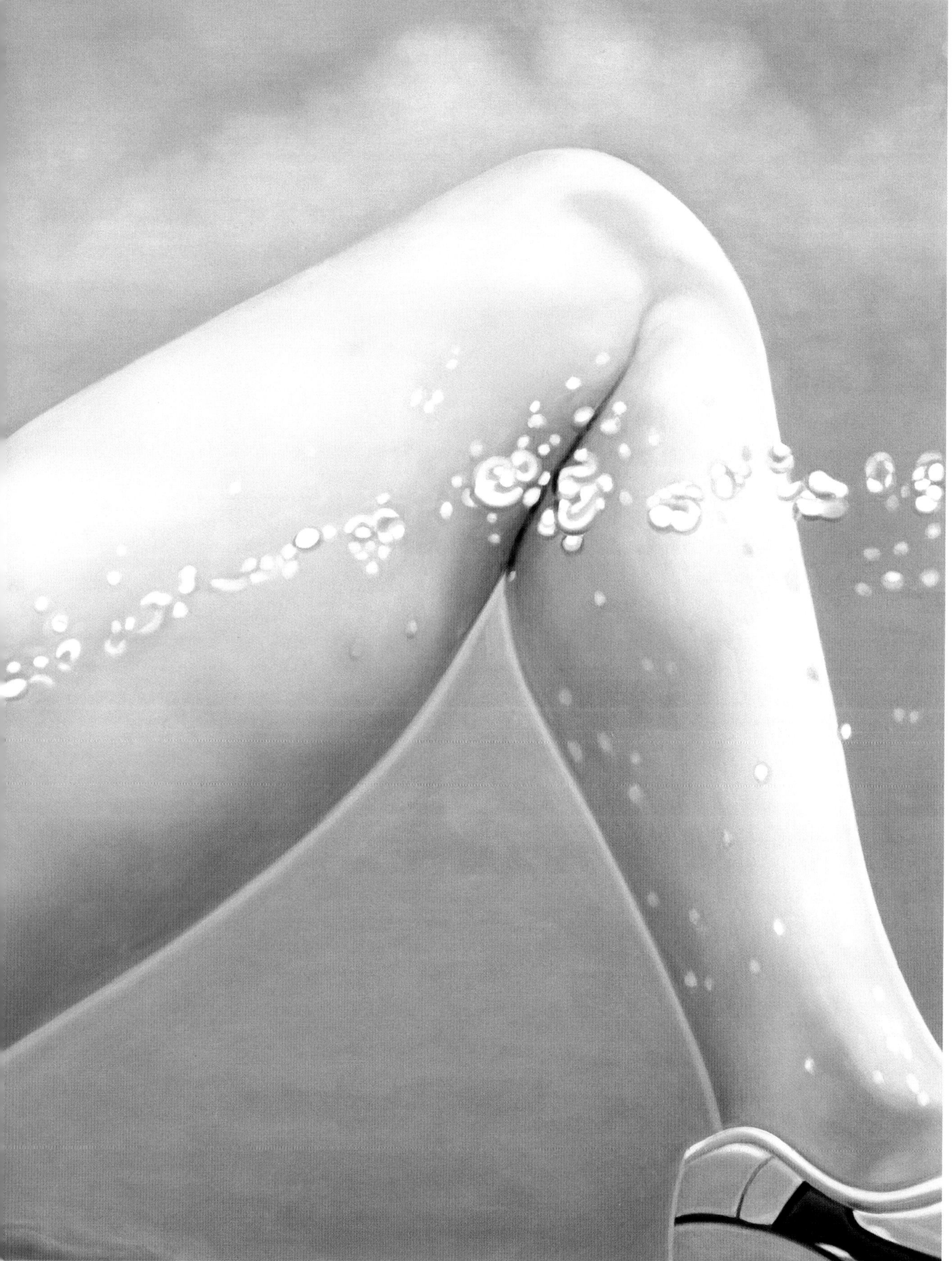

The President of the United States of America, 2001
Oil on linen
Öl auf Leinen
103,5 x 156 inches
262,9 x 396,2 cm

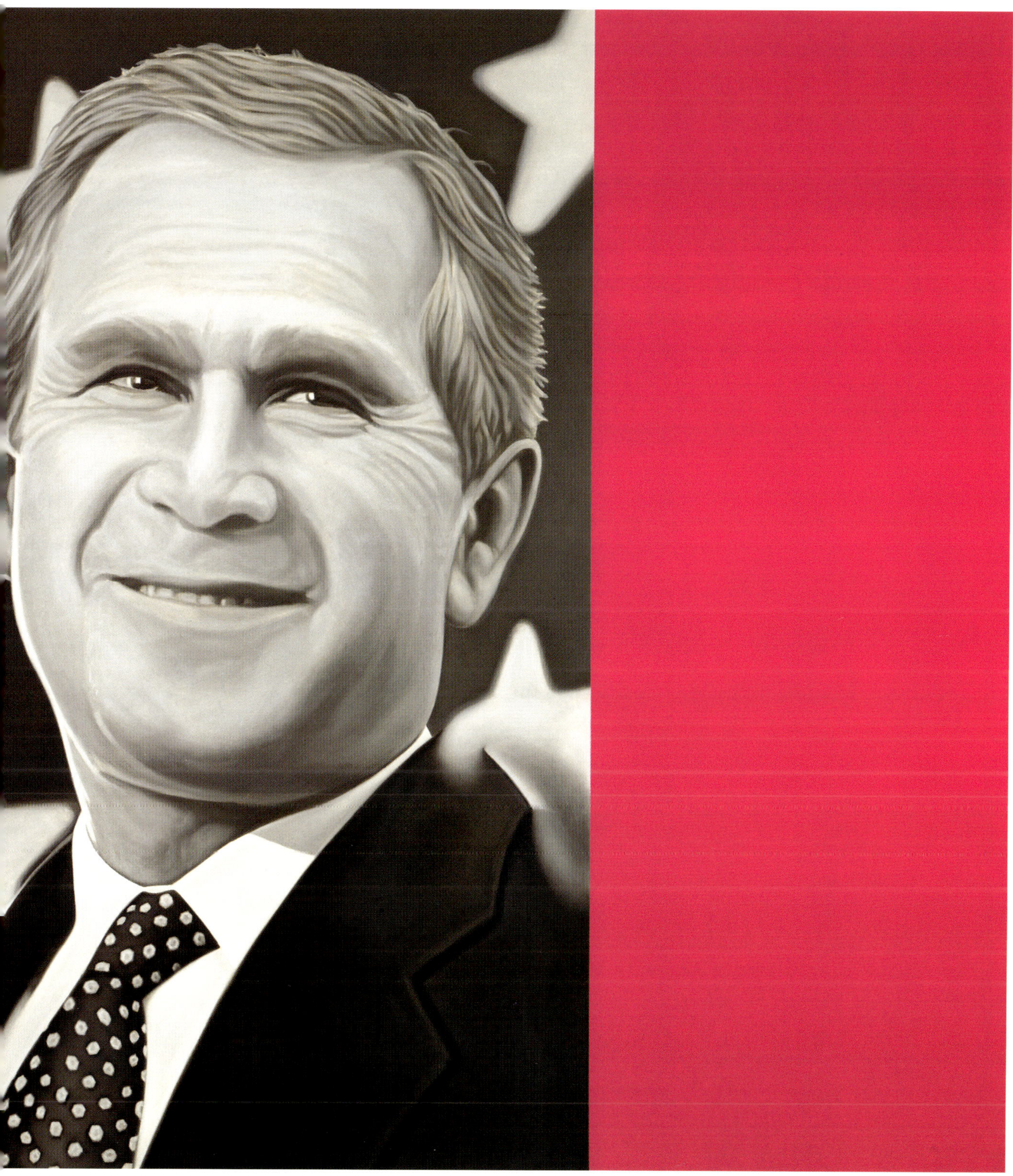

Selena, 2001
Oil on linen
Öl auf Leinen
84 x 60 inches
213,4 x 152,4 cm

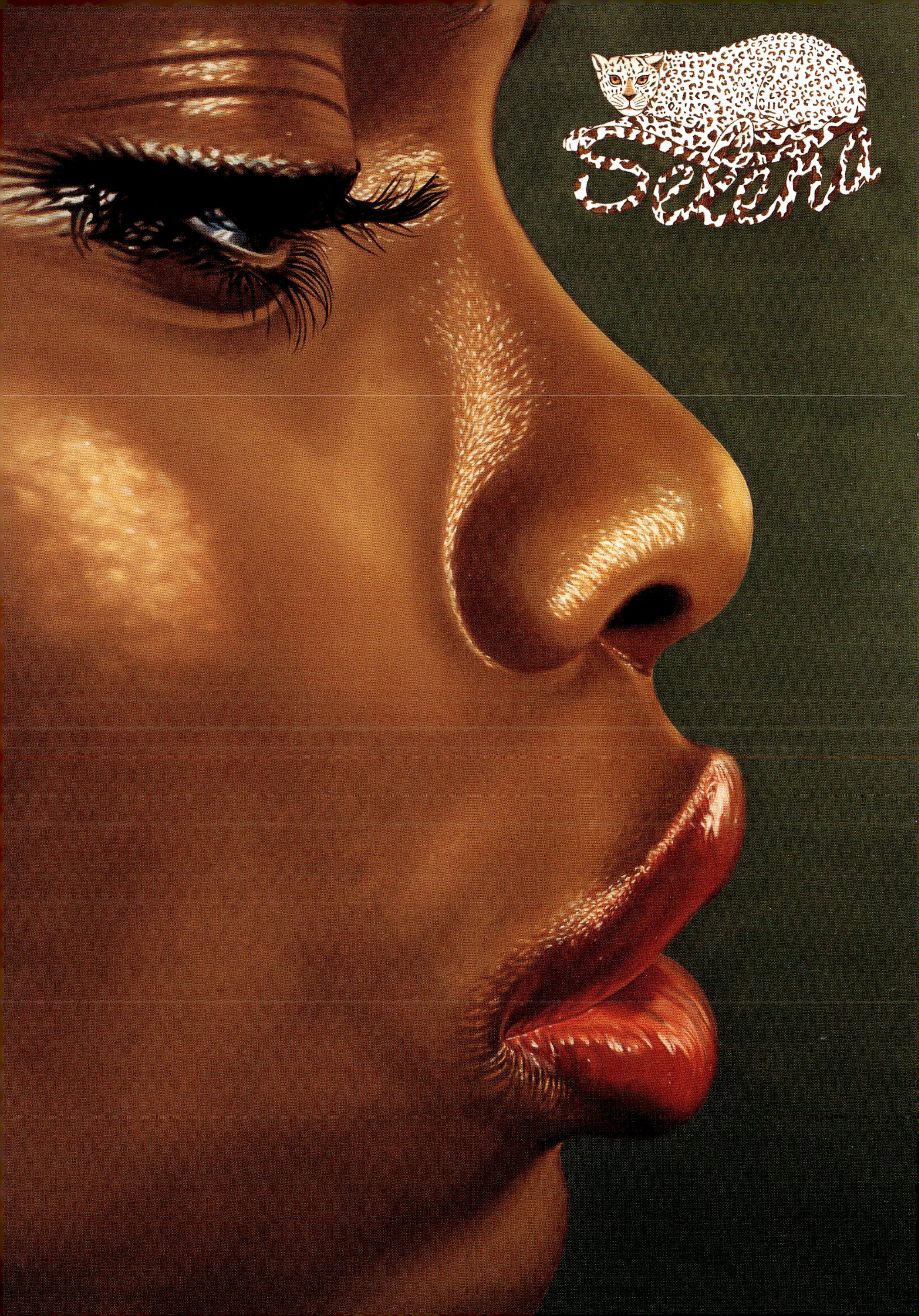

Seema

Old Granddad, 2001
Oil on linen
Öl auf Leinen
84 x 65,5 inches
213,4 x 166,4 cm

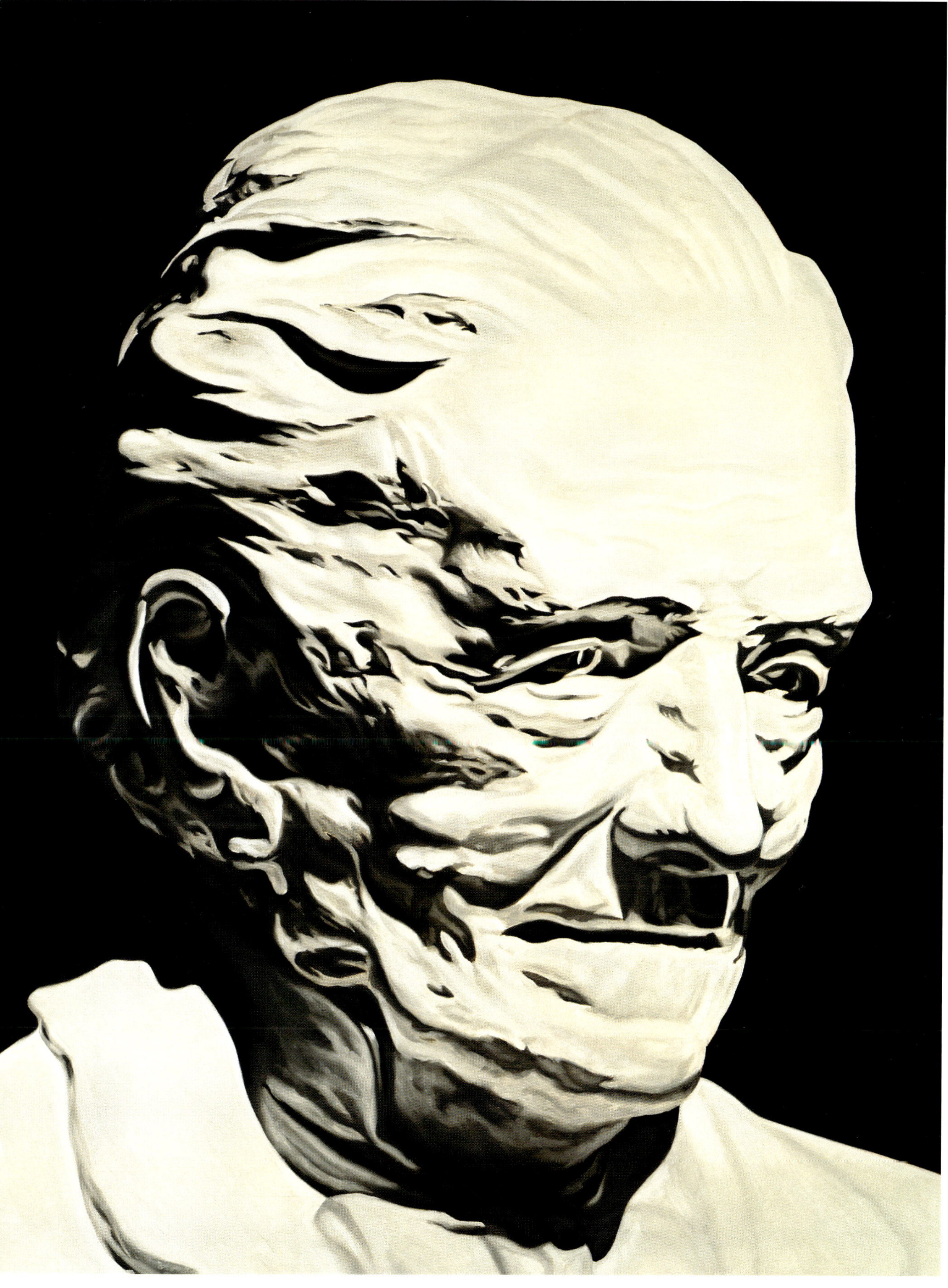

Blessed Mother, 2000
Oil on linen
Öl auf Leinen
84 x 72 inches
213,4 x 182,9 cm

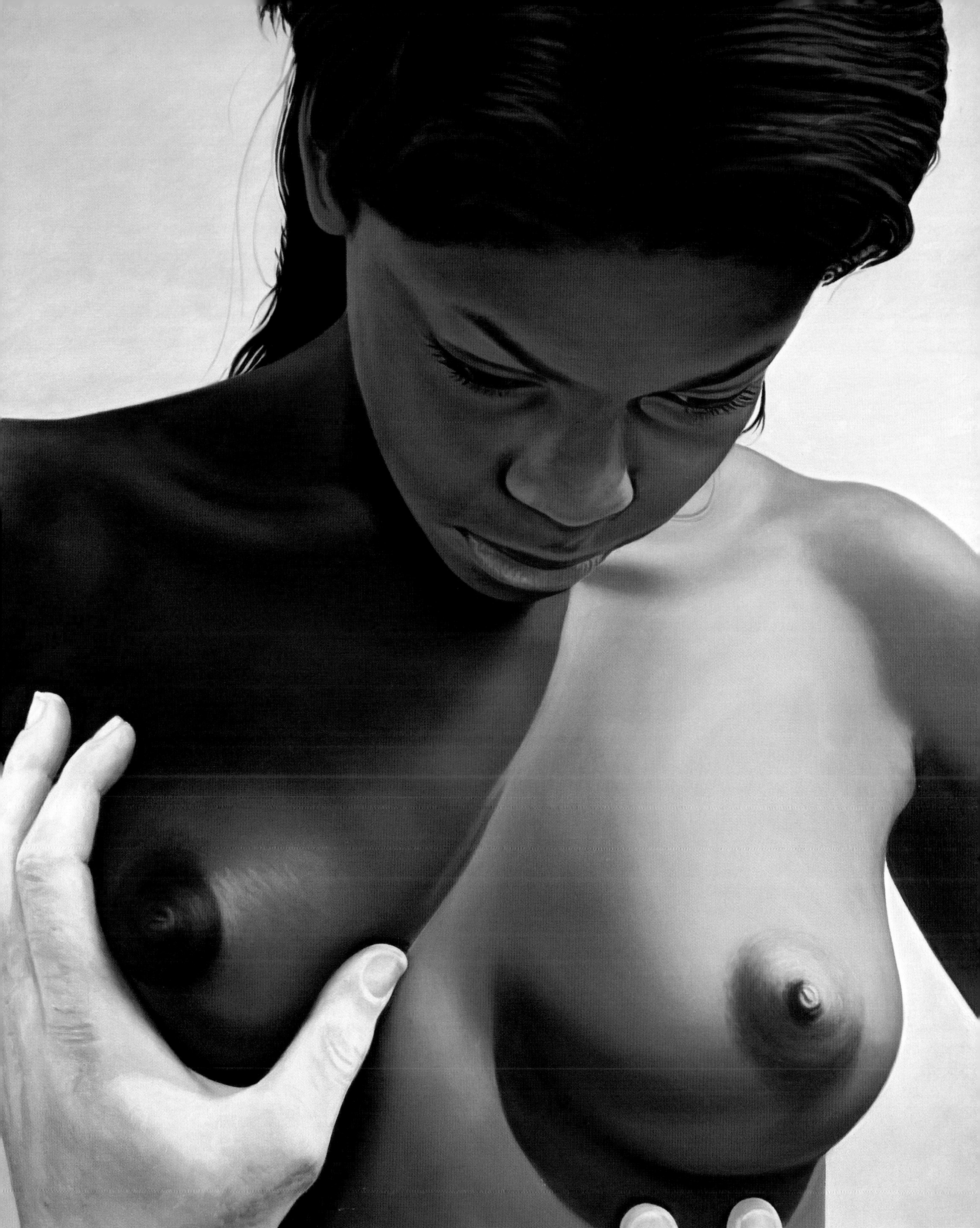

Untitled (Smiley), 2000
Oil on linen
Öl auf Leinen
84 x 62 inches
213,4 x 157,5 cm

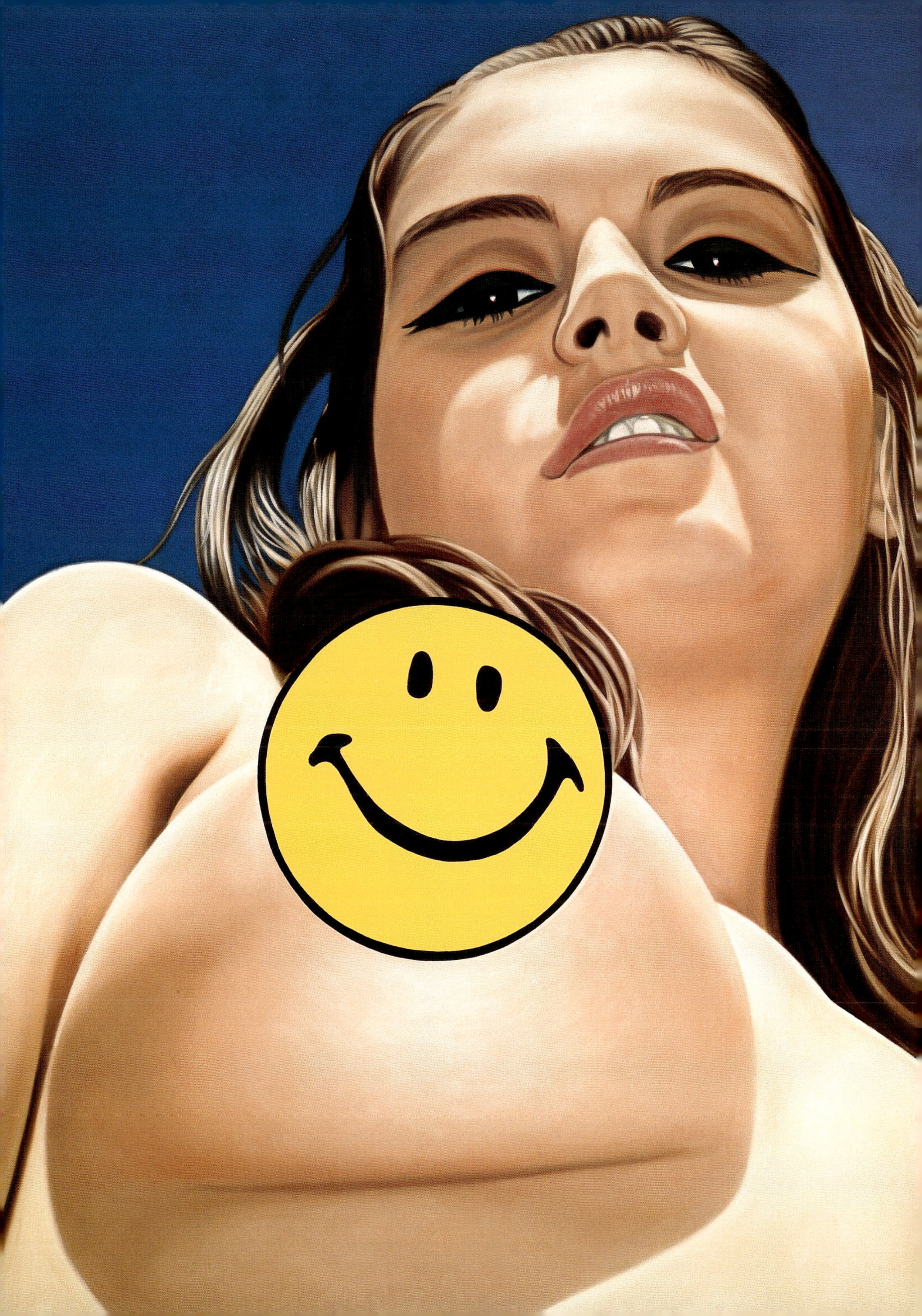

The General, 1999
Oil on linen
Öl auf Leinen
108 x 70 inches
274,3 x 177,8 cm

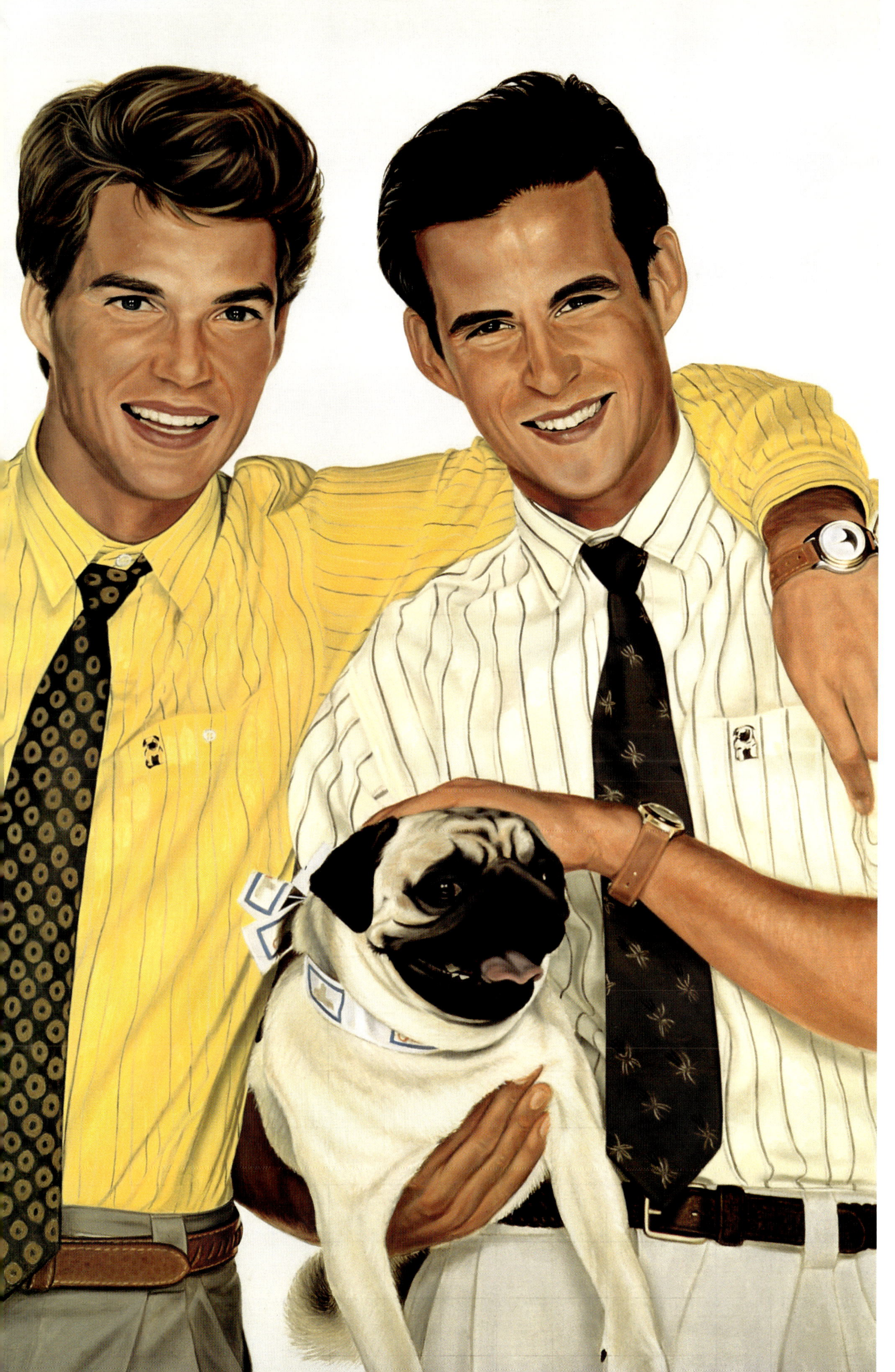

Scout, 1999
Oil on linen
Öl auf Leinen
102 x 70 inches
259,1 x 177,8 cm

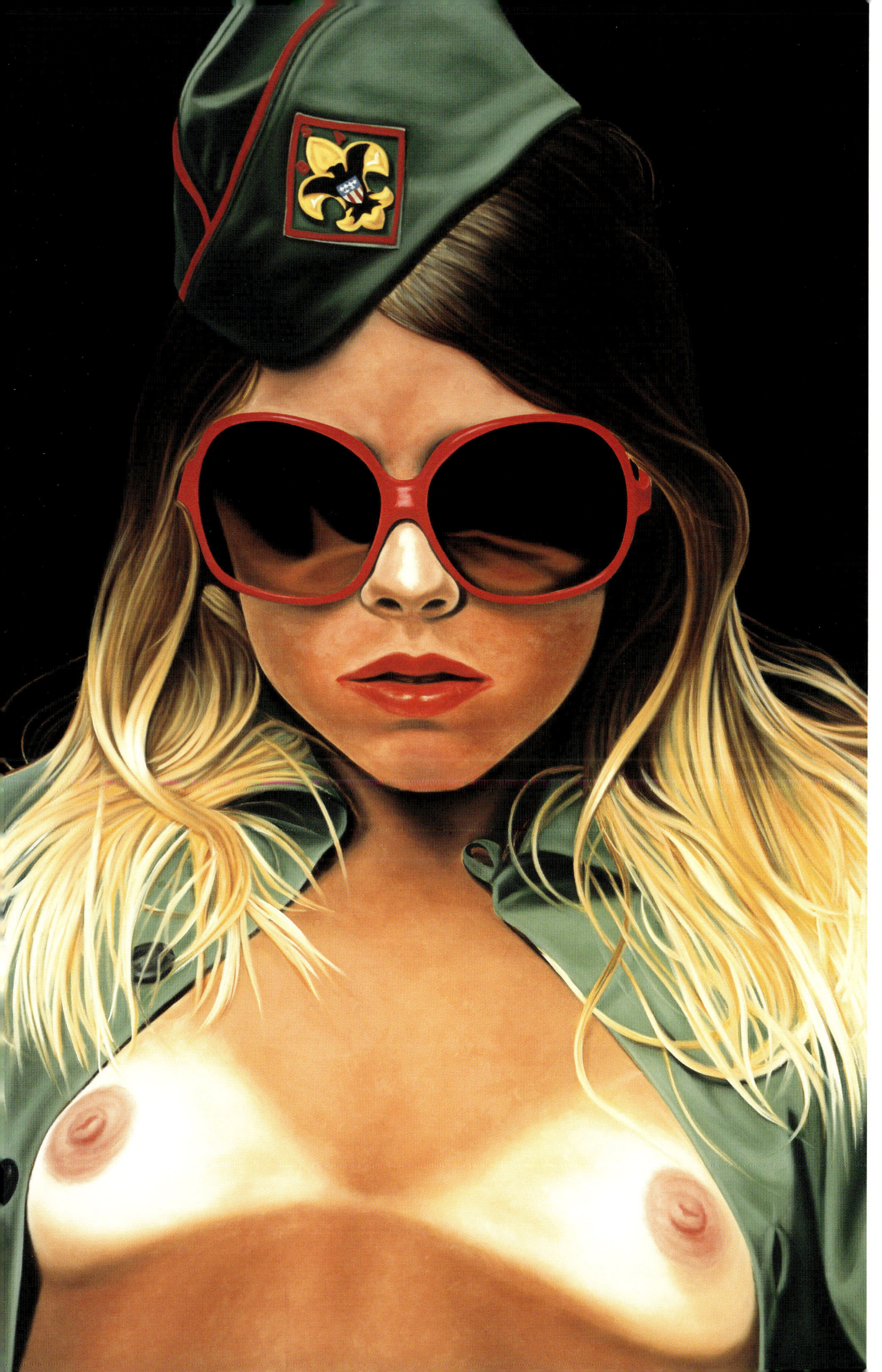

My Sweet Lord, 1999
Oil on linen
Öl auf Leinen
96 x 75 inches
243,8 x 190,5 cm

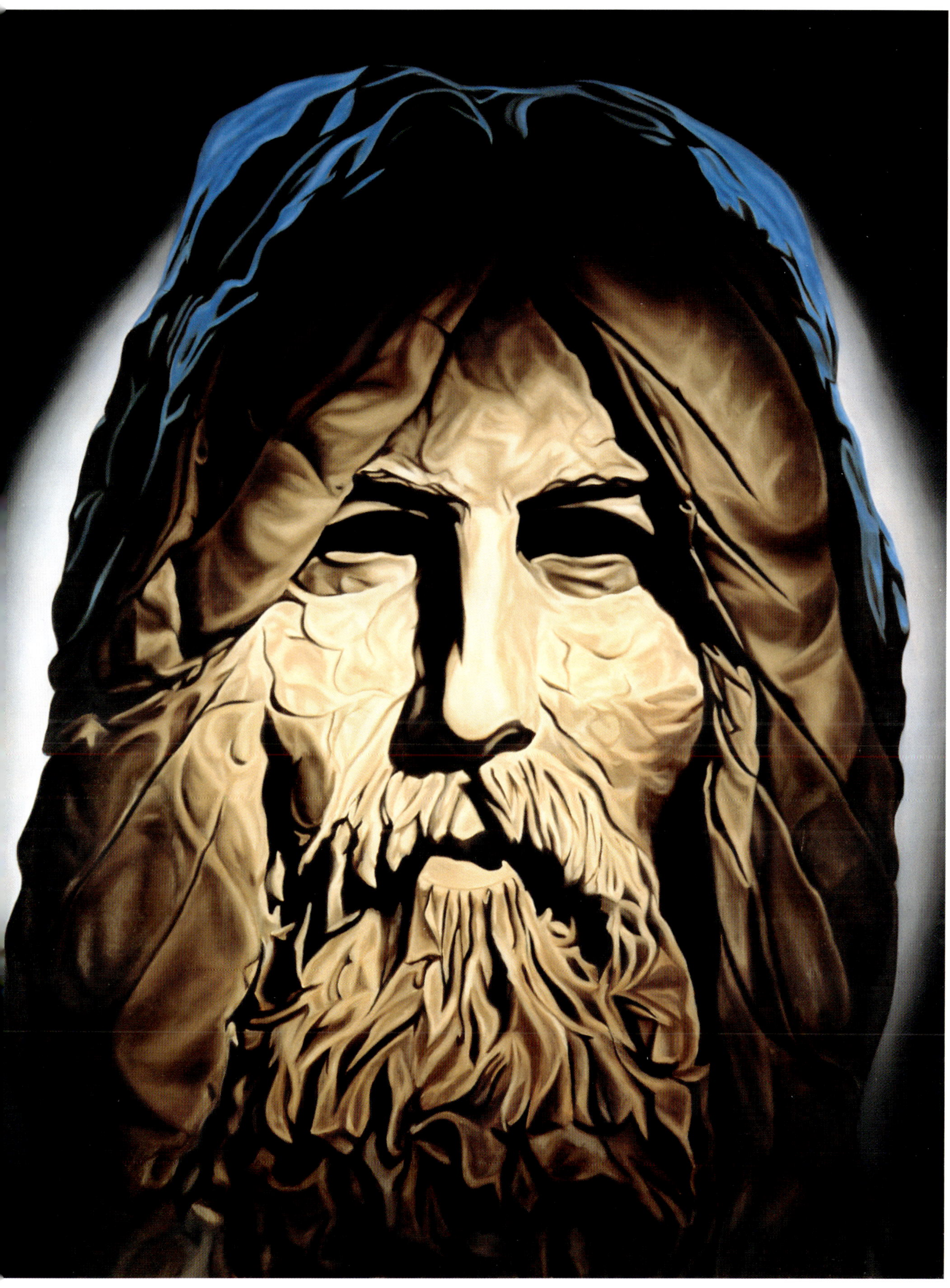

Three Women, 1998
Oil on linen
Öl auf Leinen
109 x 72 inches
276,9 x 182,9 cm

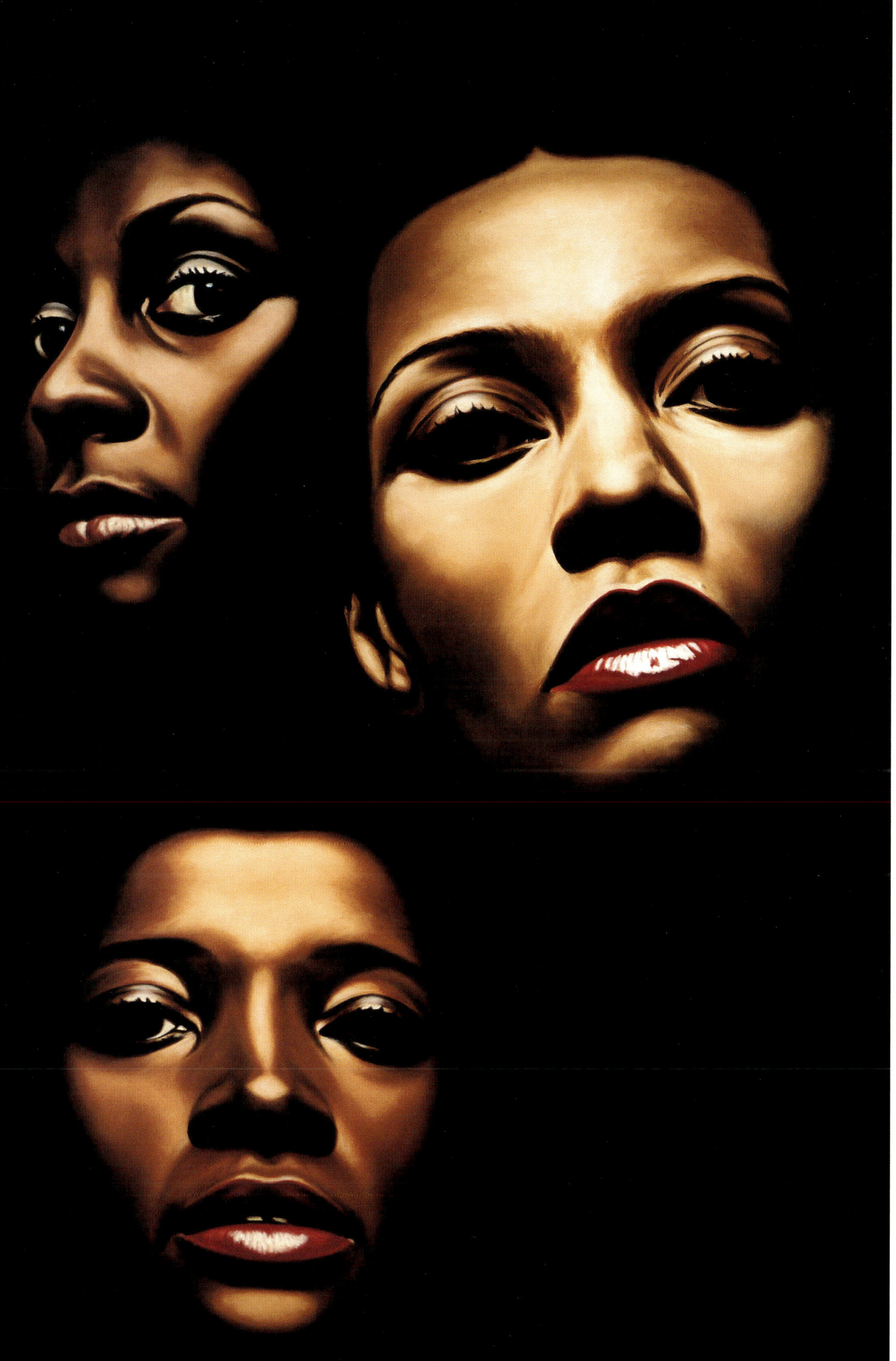

Play Station, 1998
Oil on linen
Öl auf Leinen
78 x 96 inches
198,1 x 243,8 cm

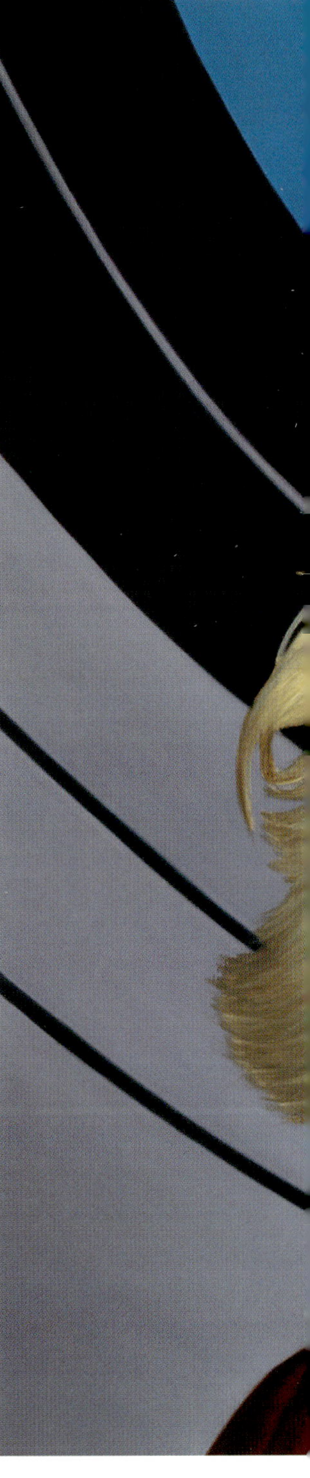

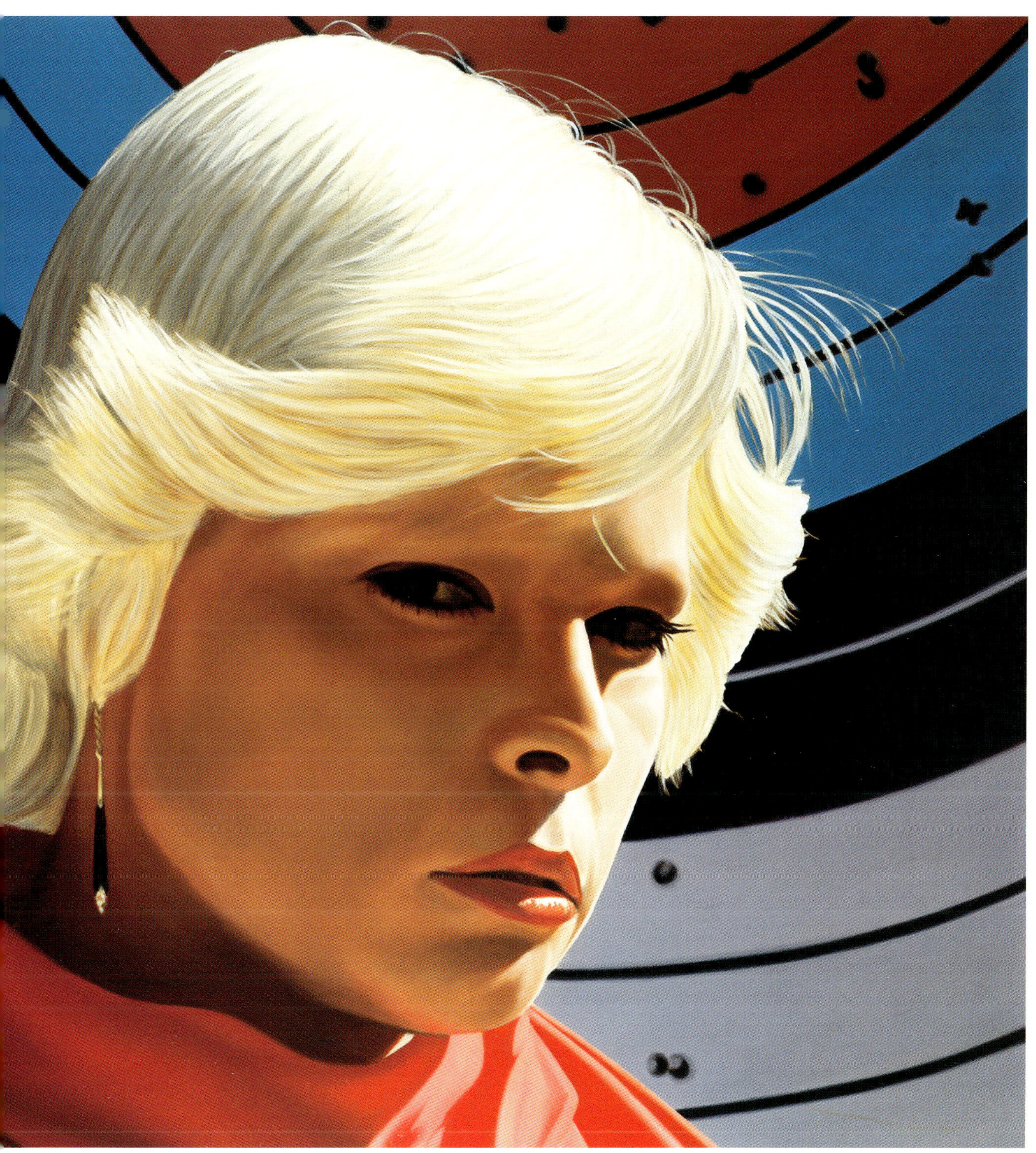

Jacko (after Jeff Koons), 1998
Oil on linen
Öl auf Leinen
99 x 78 inches
251,5 x 198,1 cm

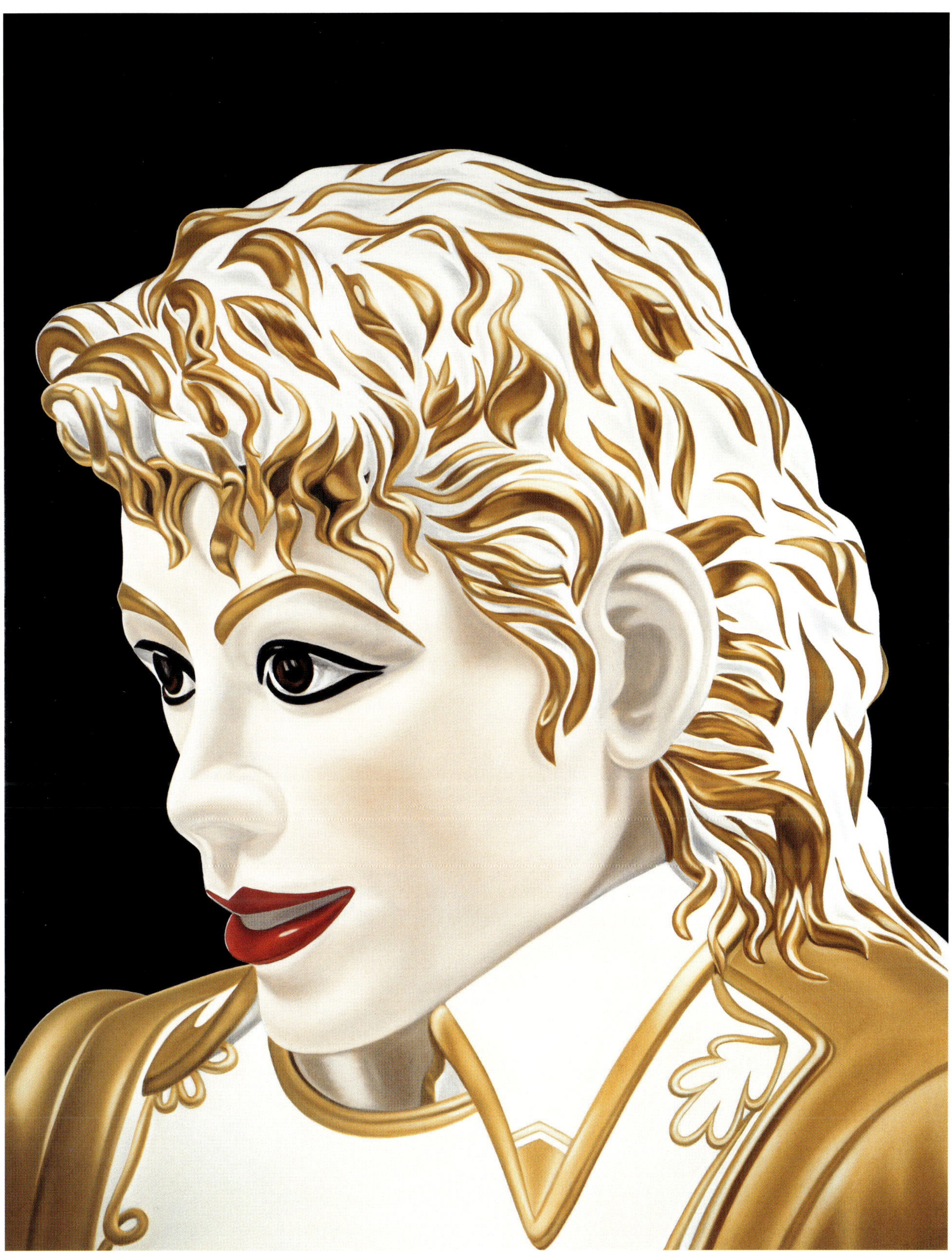

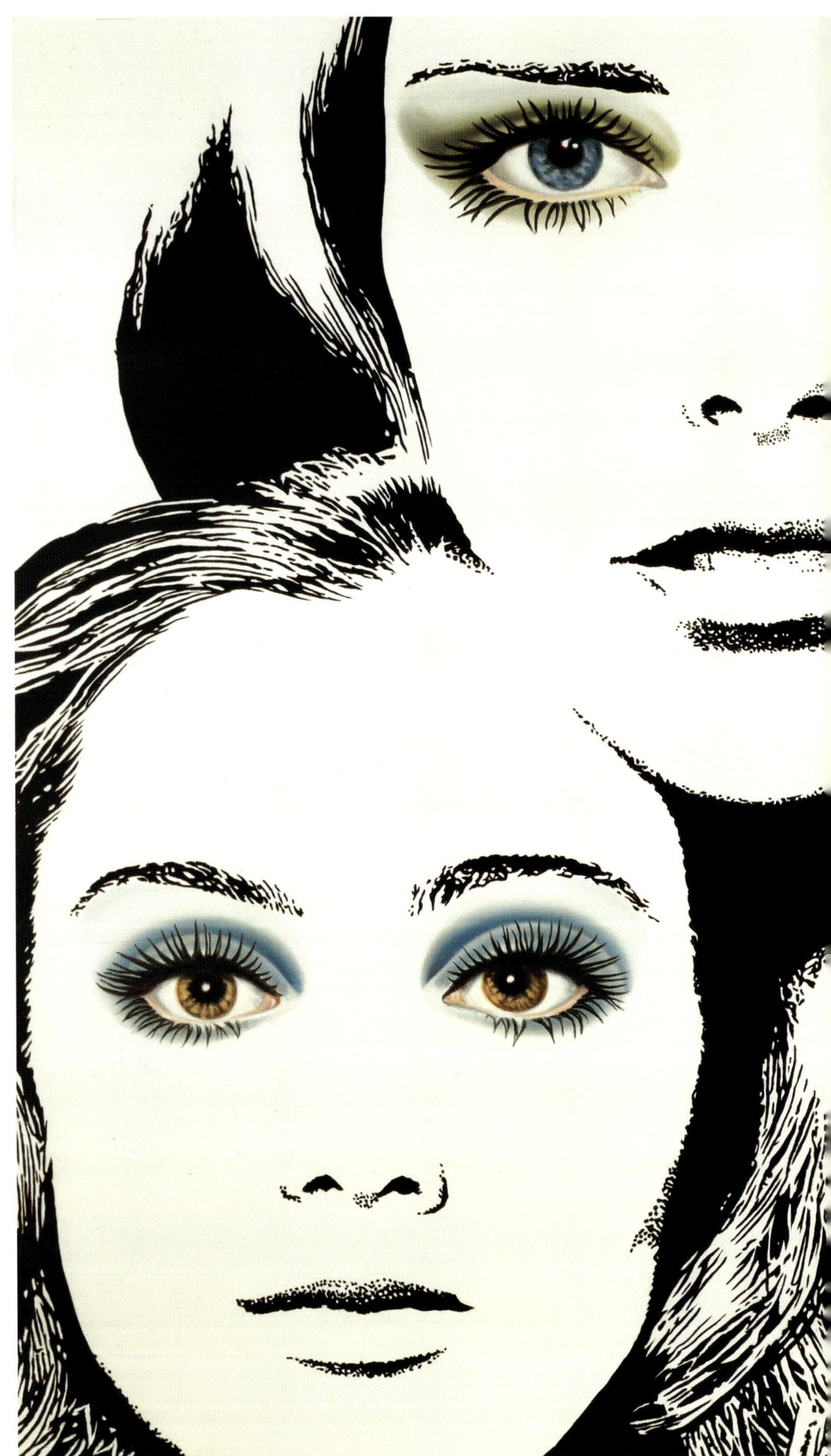

Riot, 1998
Oil on linen
Öl auf Leinen
90 x 127 inches
228,6 x 322,6 cm

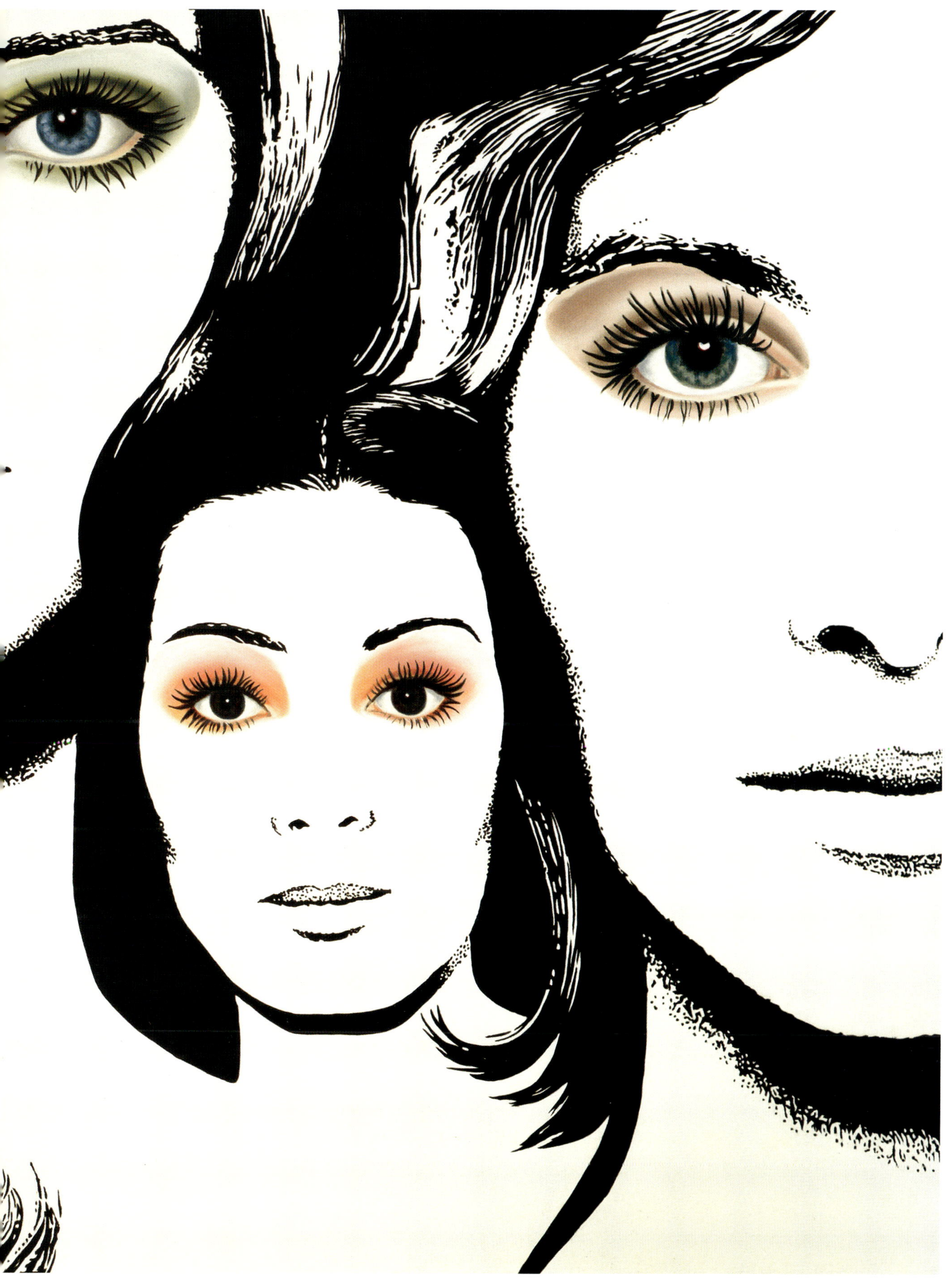

Girl and Mirror, 1998
Oil on linen
Öl auf Leinen
96 x 69 inches
243,8 x 175,3 cm

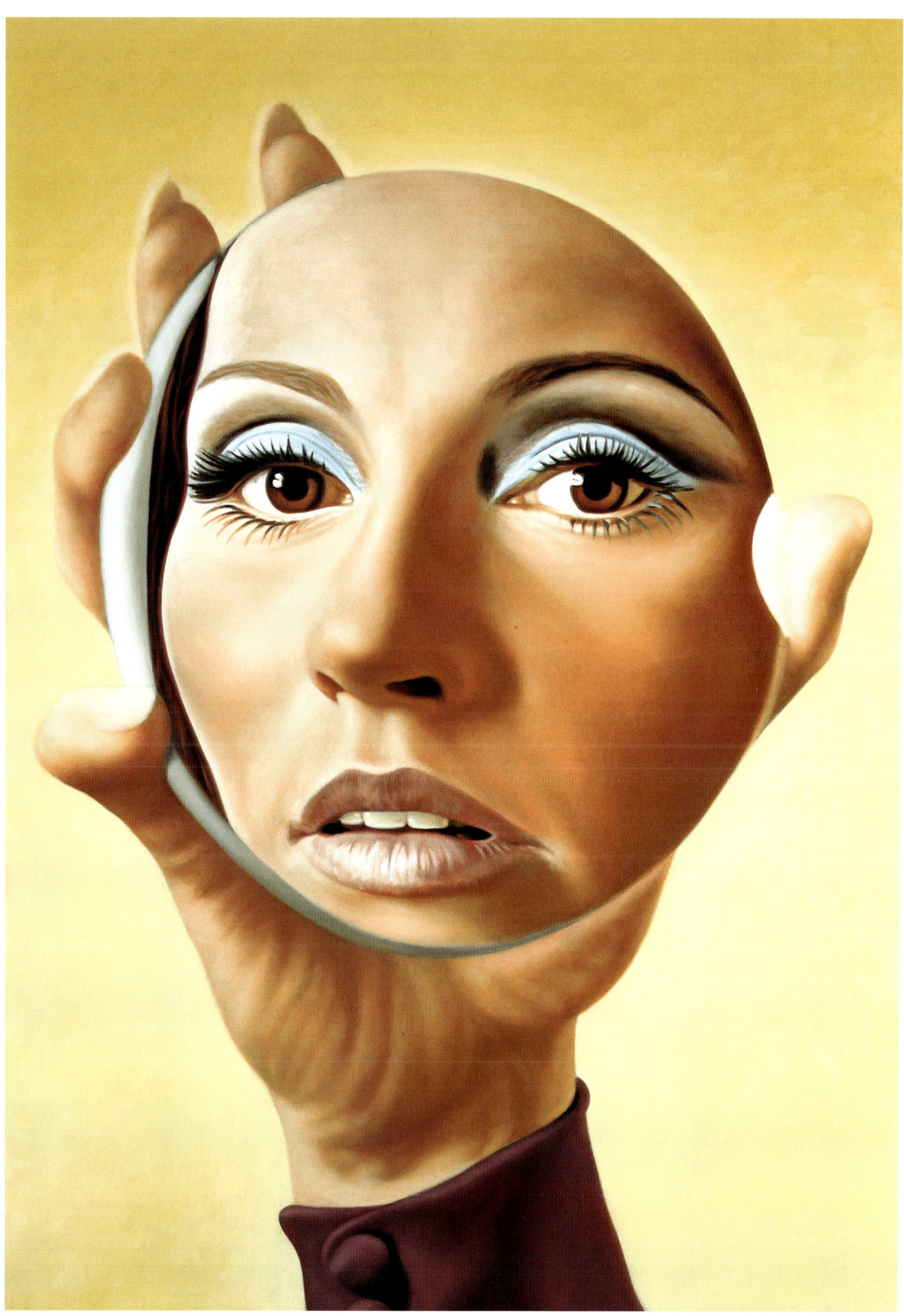

Origin of the Milky Way, 1998
Oil on linen
Öl auf Leinen
90 x 106,5 inches
228,6 x 270,5 cm

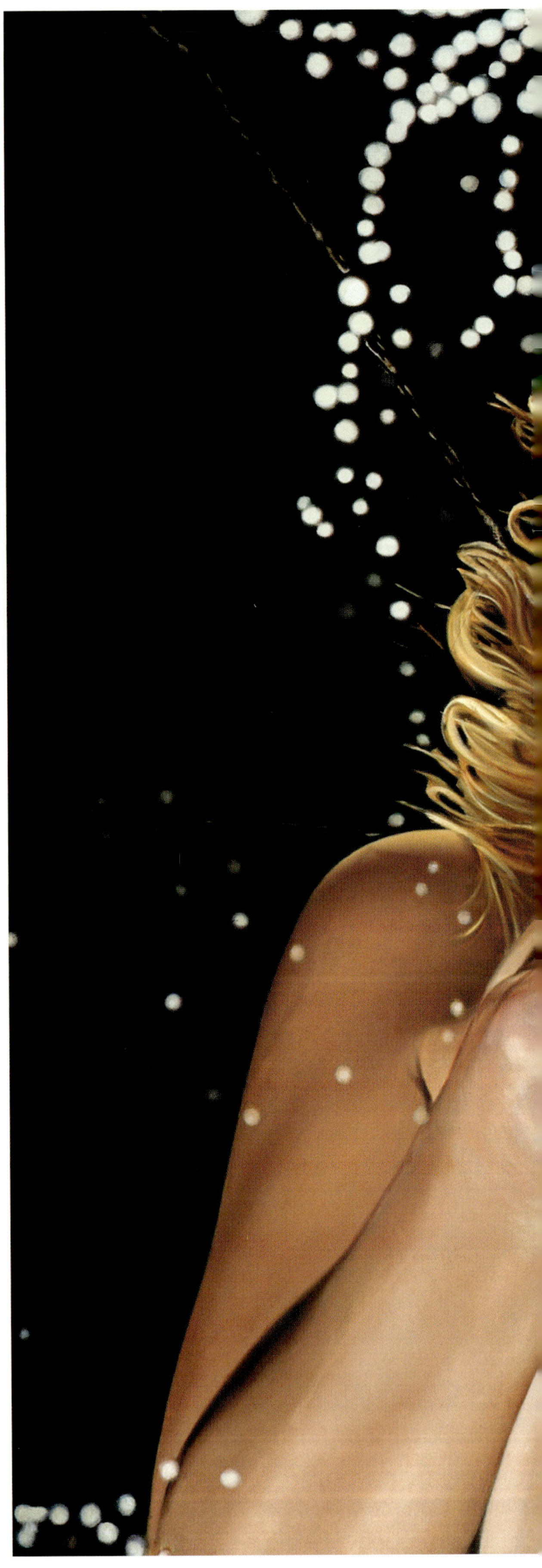

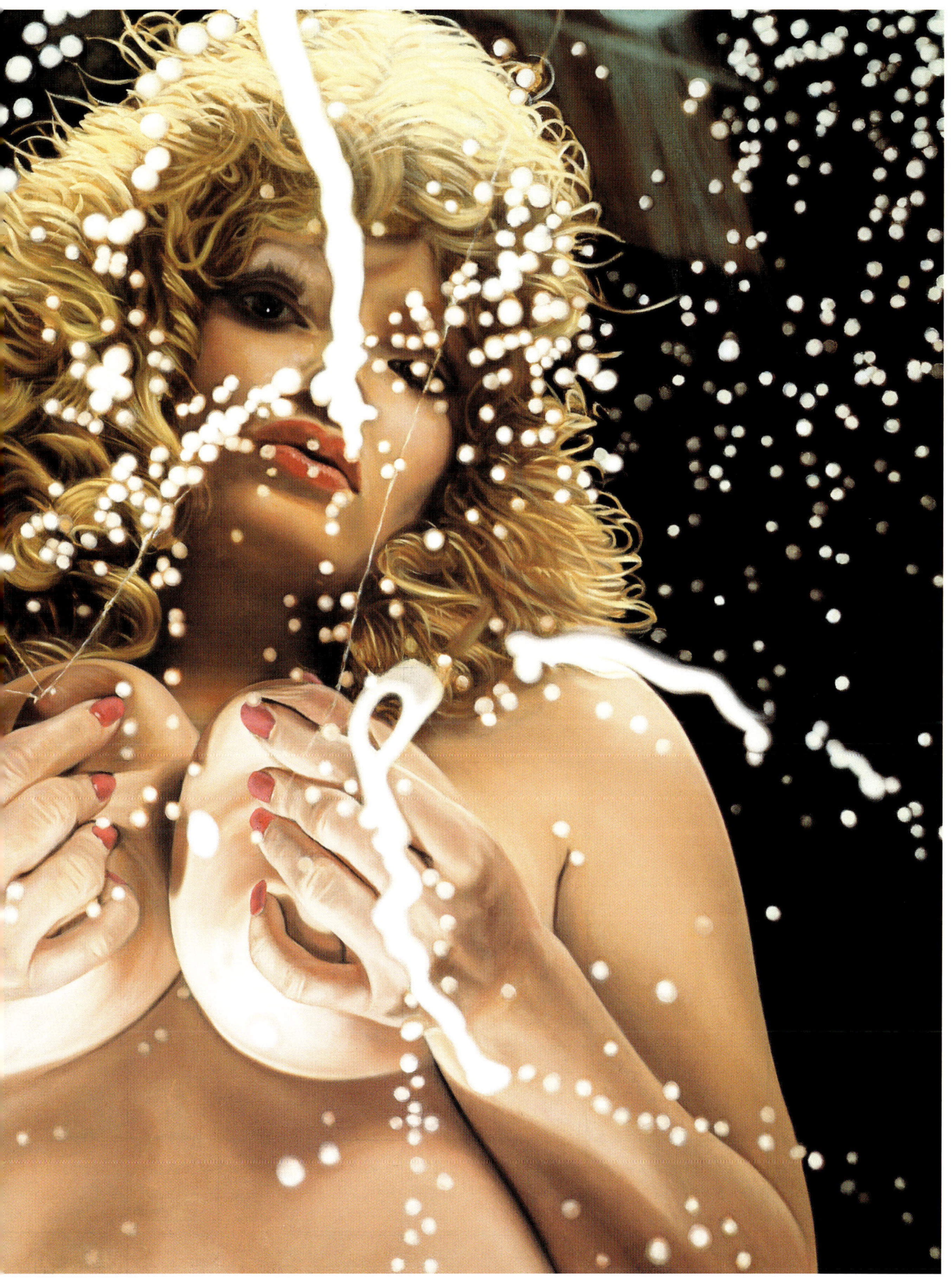

Nude, 1997
Oil on linen
Öl auf Leinen
103 x 146 inches
261,6 x 375,9 cm

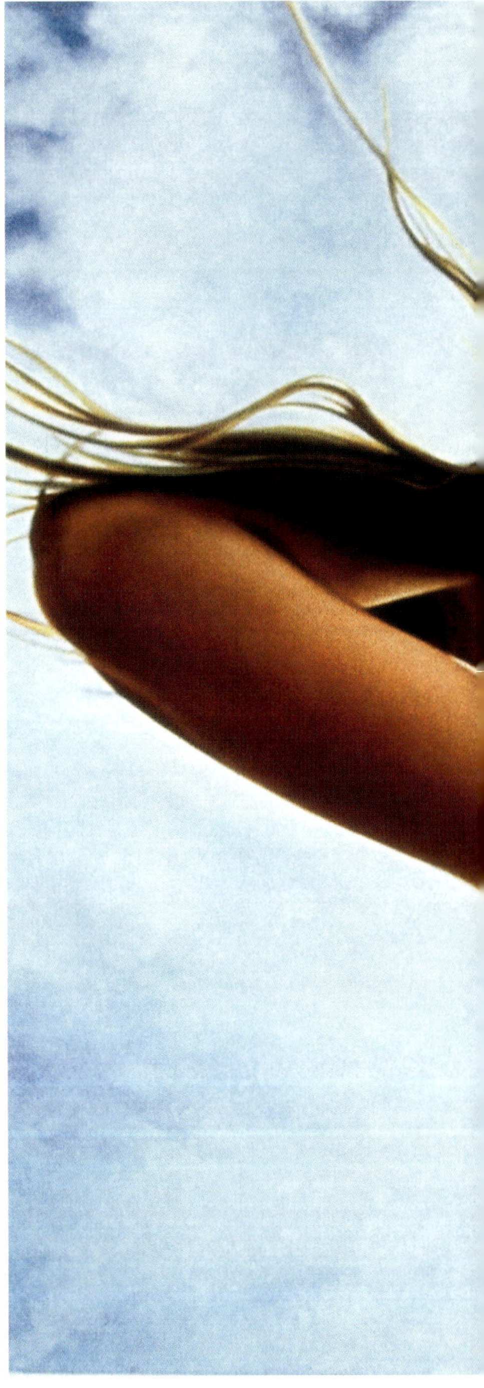

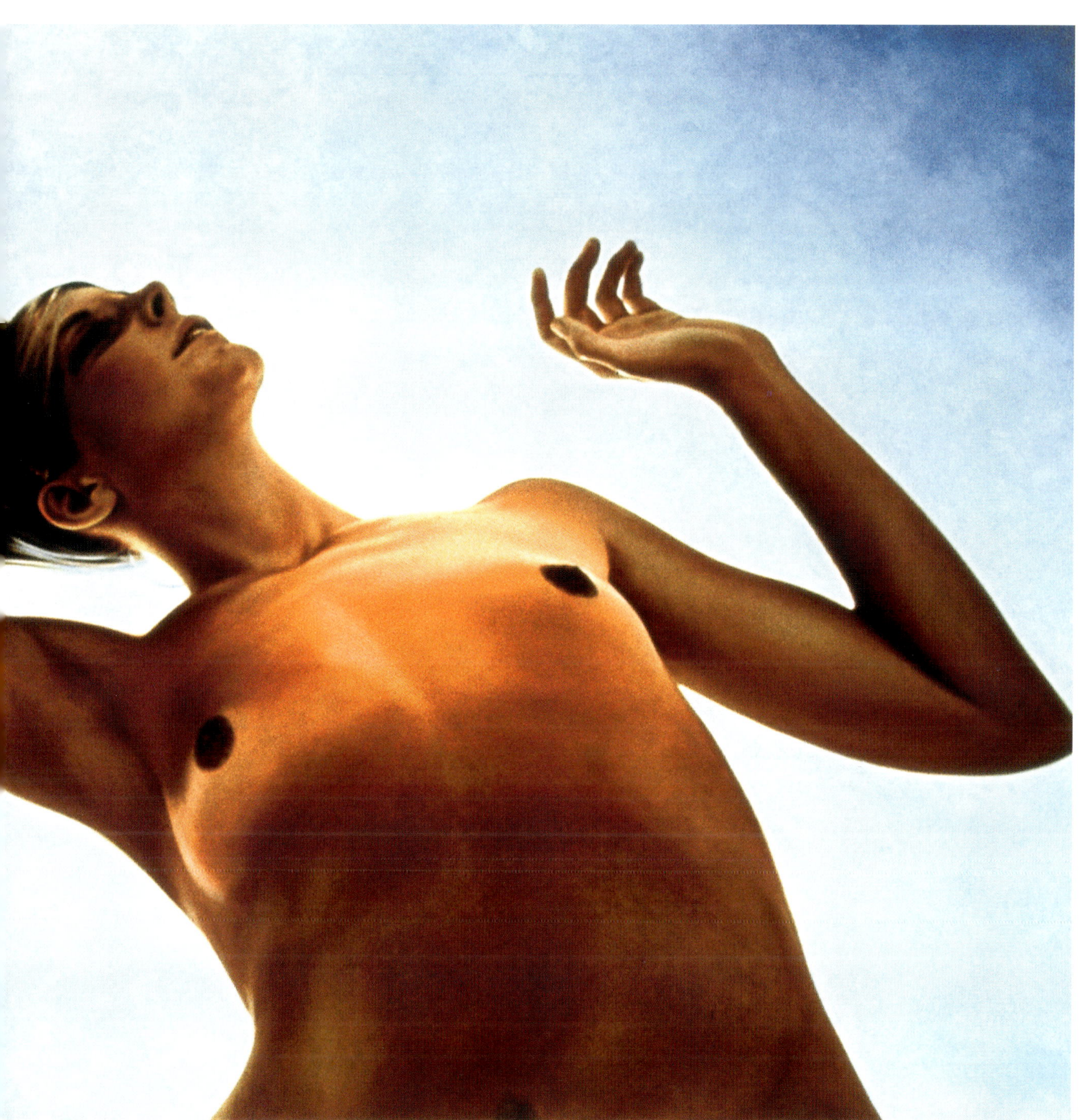

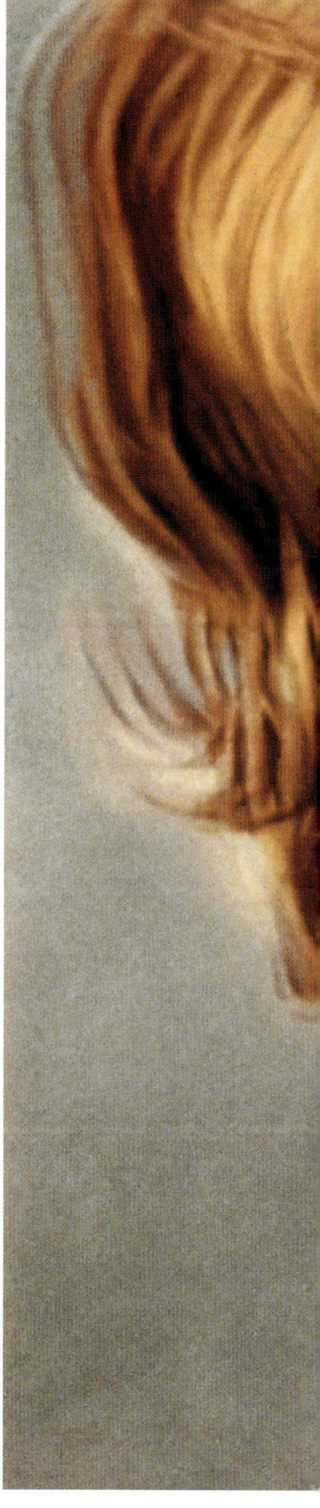

Shaking, 1997
Oil on linen
Öl auf Leinen
78 x 95 inches
198,1 x 241,3 cm

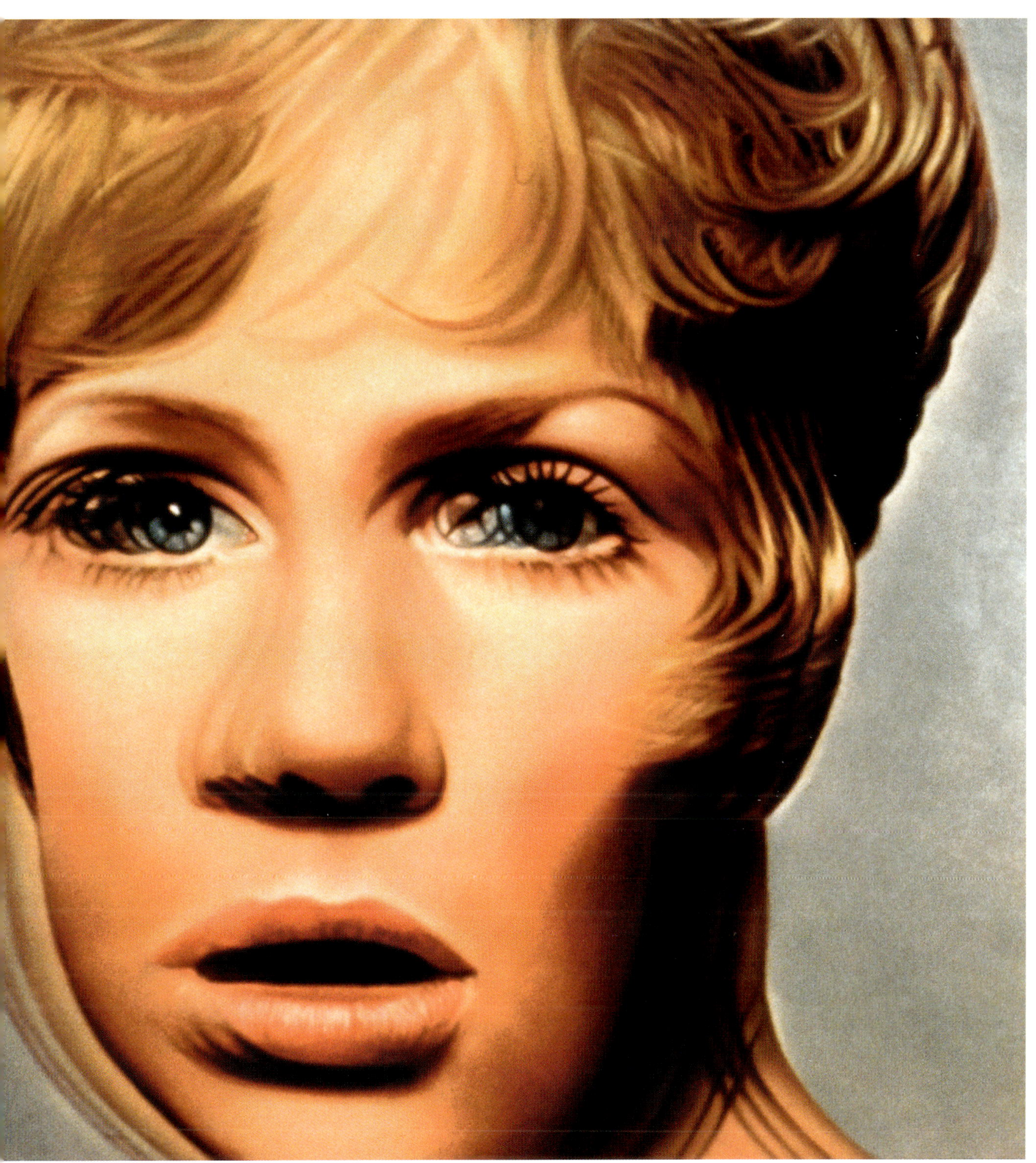

Persia, 1996
Oil on linen
Öl auf Leinen
62 x 72 inches
157,5 x 182,9 cm

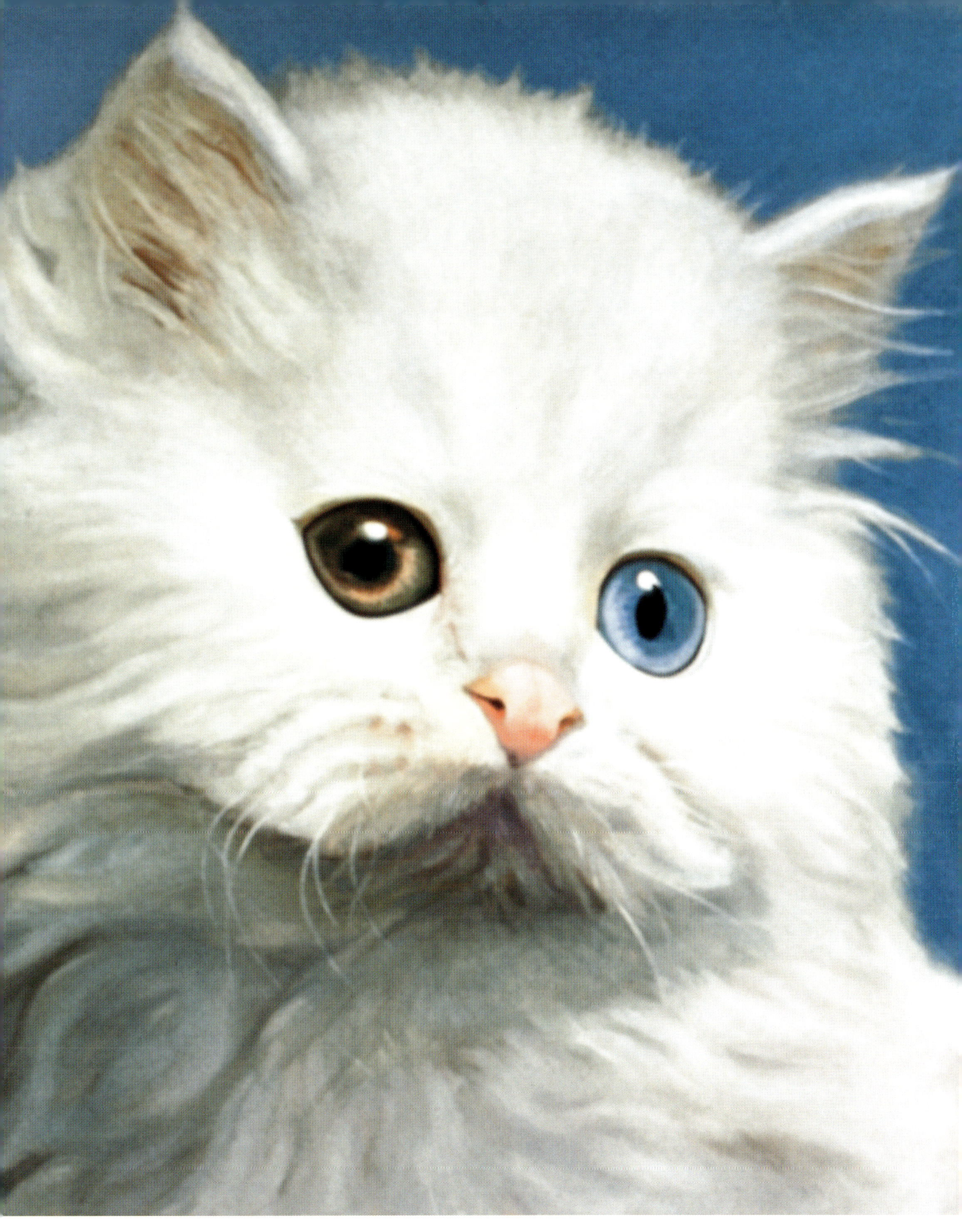

Chrome, 1996
Oil on linen
Öl auf Leinen
78 x 103 inches
198,1 x 261,6 cm

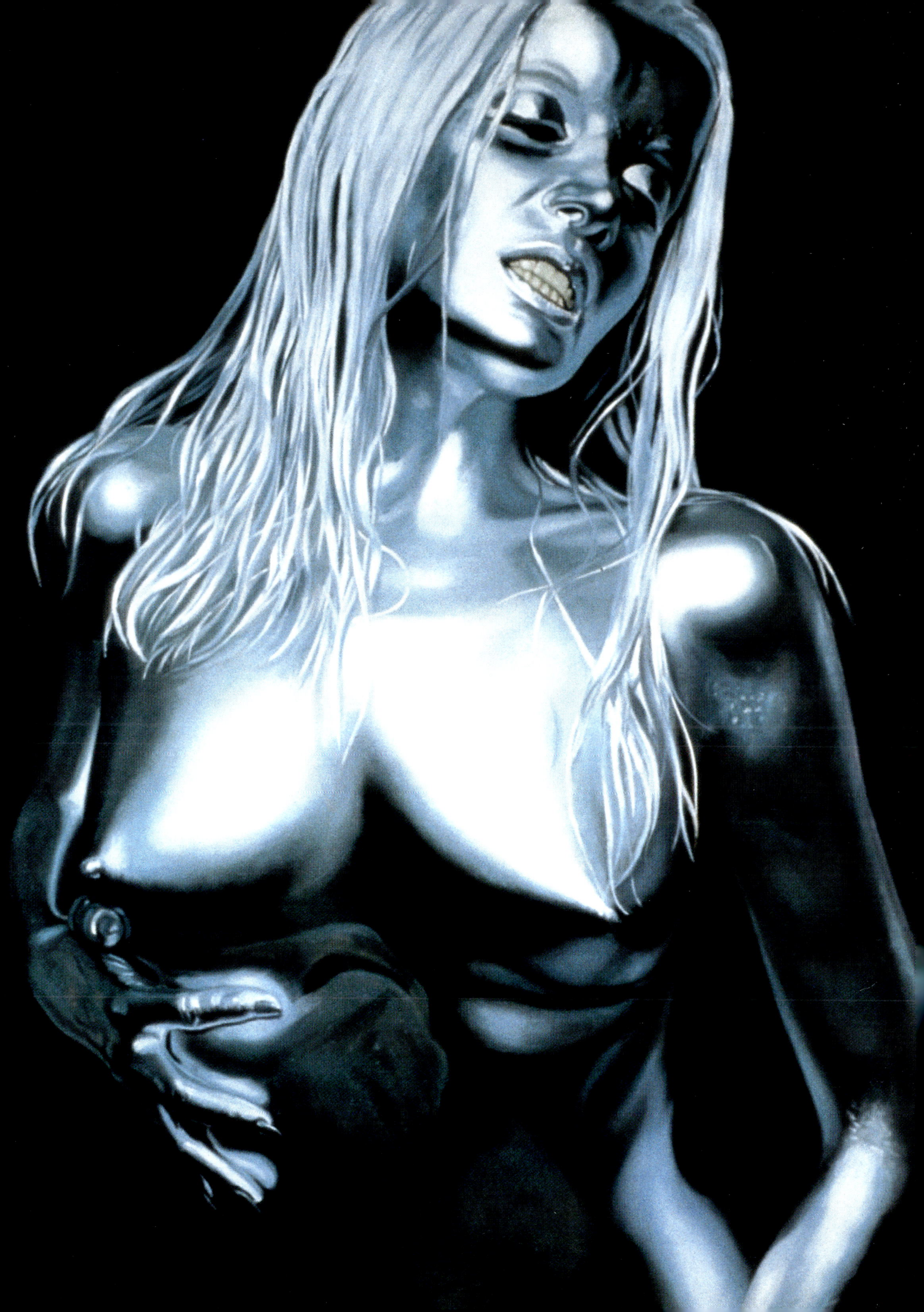

Transfixed, 1996
Oil on linen
Öl auf Leinen
93 x 59 inches
236,2 x 149,9 cm

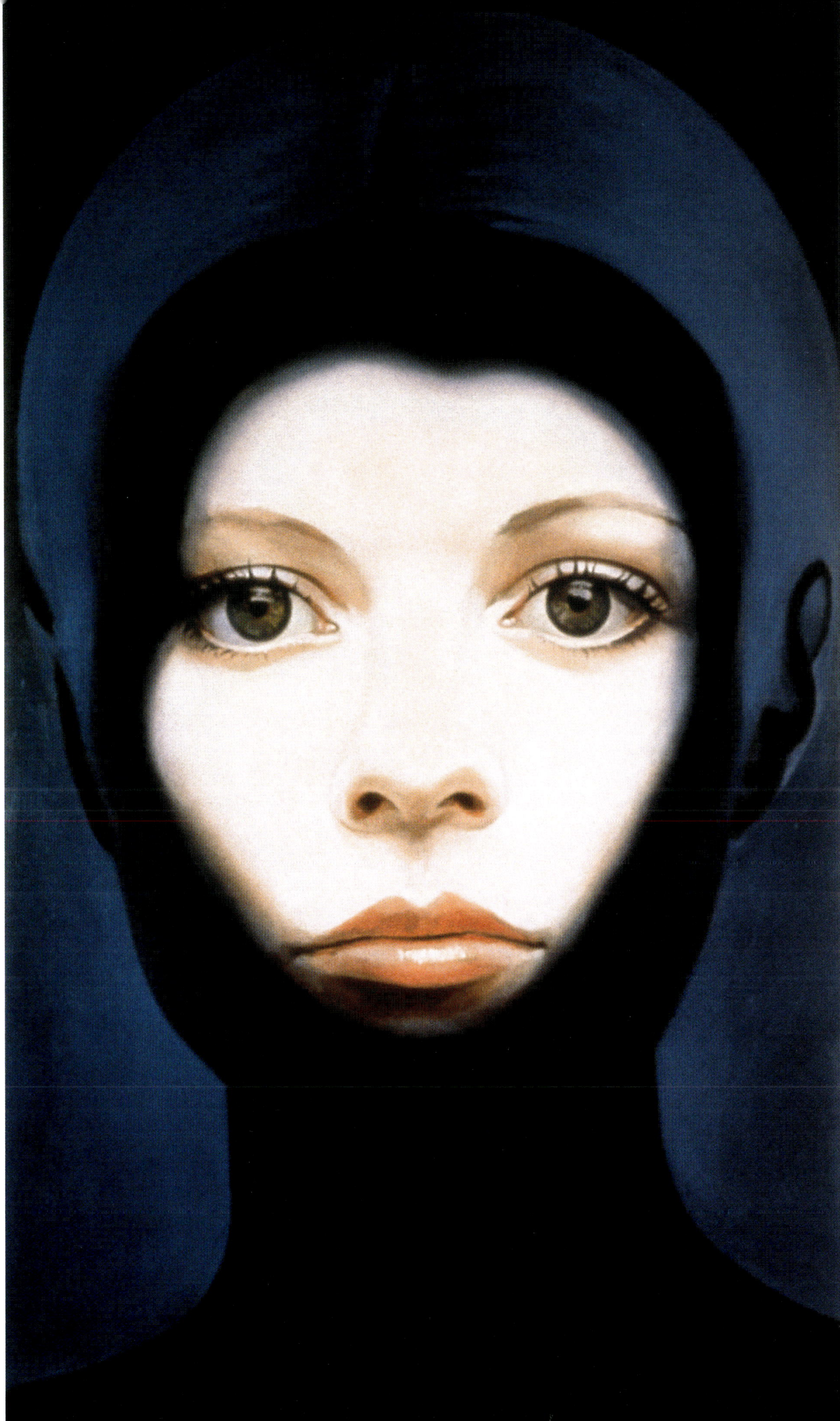

Glasses, 1995–96
Oil on linen
Öl auf Leinen
59 x 85 inches
149,9 x 215,9 cm

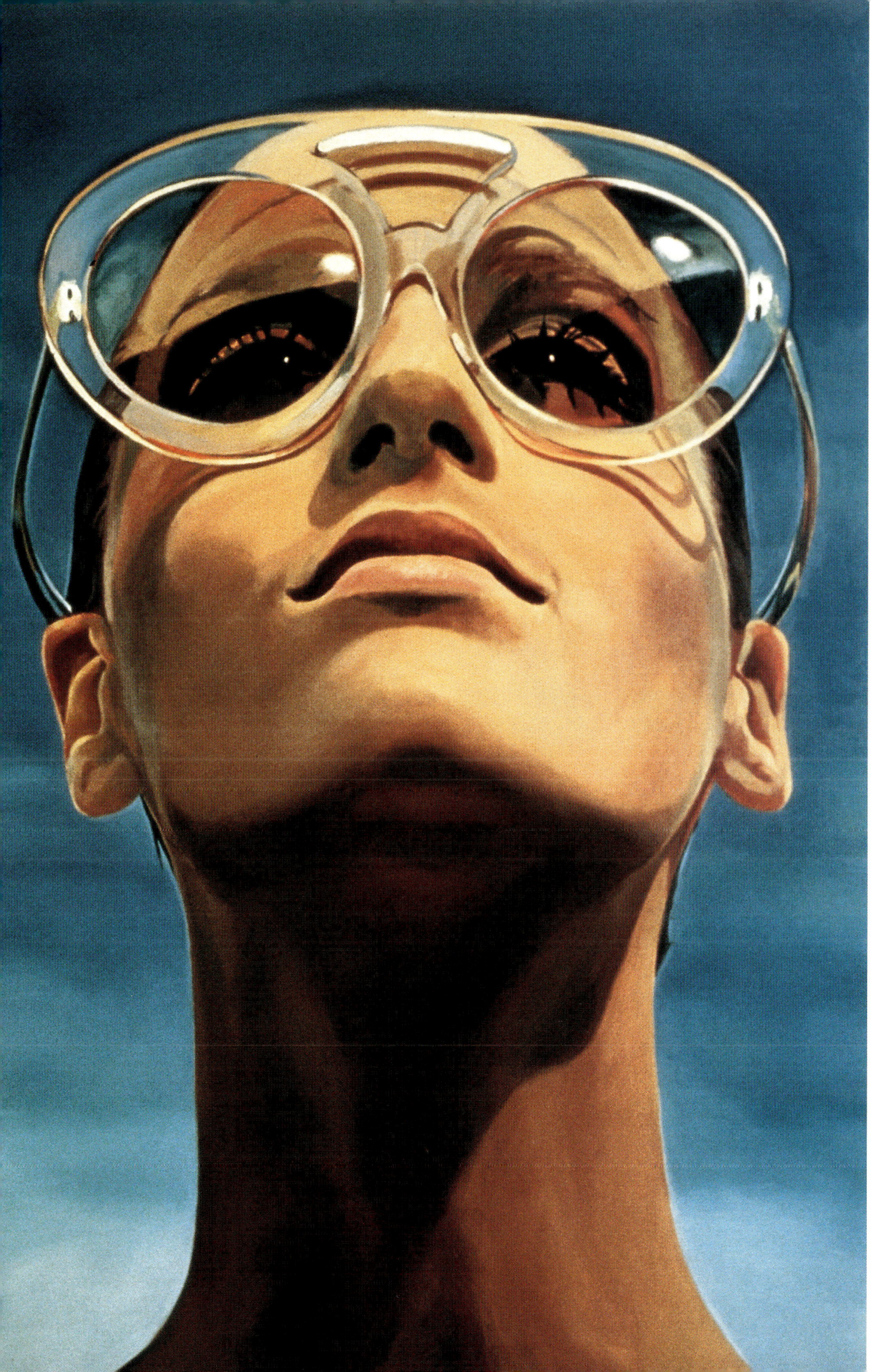

New York-based artist Richard Phillips's large-scale oil paintings depict men and women, erotic scenes, nudes taken from pornography, occasional animal pictures, and contemporary sculptures. His paintings are based on found images taken from magazines, the Internet, or other mass media. In drawing on these pictures from the cultural memory bank, Phillips thus aligns himself with 1980s' Appropriation Art. The conceptual slant of his work is not only underlined by original motif combinations within an exhibition. Occasionally this goes so far as to form a distinct topic – aspects from the life of the current American President George W. Bush, for example. In individual pictures the artist lays bare the techniques of photorealist painting. For example he allows the grid for transferring the model / pattern to canvas to show through in places. In such practices his conceptual approach is also clear, beyond stylistic-formal affinities to Pop Art and Photorealism.

Phillips's female portraits in particular have attracted notice. Style of execution – delicate brushwork, sometimes operating with glazes – and attention to specific bodily details make them hyperrealist. Phillips emphasizes make-up, underlining the effects of lipstick, rouge, and mascara. Selecting details from his patterns, he zooms his larger-than-life subjects onto his canvases. Stereotype motifs cease to be so straightforward in Phillips's painting, especially in the female portraits. The view is often from below, which lends the depicted women a certain air of power. Whether a (male) projection of the seductive confident woman is at stake here, or a relativization of the object status of the female subject, Phillips deliberately leaves open. His choice of female portraits also addresses such themes as the blurring of boundaries between advertising, high-life, pornography, and fashion, and their ambivalent interrelations.

In her discriminating, closely argued catalogue essay, Juliane Rebentisch discusses the different references in Richard Phillips's work – its relations to mass-cultural representations and to historical forerunners. Examining how form and content interrelate, she investigates the psychological depth-impact that the pictures have. David Rimanelli in his informative and associative piece casts an eye on the documentary qualities of the pictures and their context-related reception. That Richard Phillips has talked at such length about his own work for the first time in the interview printed here is a source of pleasure.

The present catalogue accompanies the most extensive exhibition of Richard Phillips's work to date in a German institution. I wish to thank the many lenders who agreed to part with their works for the space of the exhibition. Special thanks go to Friedrich Petzel and gallery, who helped in seeking lenders, and in the preparation of the chronology and bibliography. I would also like to thank Jay Jopling and his White Cube gallery and Galerie Max Hetzler for their help.

This is the second catalogue the Kunstverein has published together with Hatje Cantz Verlag within a short space of time. Annette Kulenkampff and her team are responsible again for this high-quality publication, and Johannes Sternstein for its sensitive design. My sincere thanks go to Annette Kulenkampff and Hatje Cantz Verlag.

An ambitious project of this kind requires not only help with its contents but also its funding. My thanks go to British American Tobacco, in particular to Dirk Pangritz, Hans-Jürgen Raben, and Ida Kaufmann. We are delighted that BAT are sponsoring a

Kunstverein exhibition for the first time. In this connection I wish to thank Helga Maria and Walter Klosterfelde for their support and mediation.

Katrin Sauerländer edited the catalogue with her customary skill and experience, and handled the publicity work with grace and ease. My assistant, Corinna Koch, arranged the loans, transport, and insurance with enormous energy. I would like to take this opportunity to express my deep appreciation to both of them for their genial collaboration.

My express thanks go in friendship and solidarity to Richard Phillips, whose pictures have repeatedly surprised, fascinated, and intellectually stimulated me.

Richard Phillips's Psycho-Realism

Juliane Rebentisch

How the term "aesthetic" is generally understood can best be judged from the minor scandals that blow up each time a female celebrity lets herself be photographed for *Playboy*. Since the fifties the justification for such photographs has been that the photos in question are not pornographic, but aesthetic. What is meant by this is that no primary sexual organs are visible in such cases, and that the women are nicely presented. "Aesthetic" here means pure form at the level of subject matter itself and does indeed stand at a programmatic remove to all thought of body orifices.[1]

Art-historical justifications of Phillips's staged female portraits with their various orifices and high-gloss secretions have also had recourse to a formalistic concept of the aesthetic, albeit with reference now to mode of presentation. As one man from the Berlin art scene put it, Phillips's portraits of women are simply "hot," immediately adding of course that the painting is also "hot." Hot painting! In order to answer the question what it is that makes Richard Phillips's pictures art and distinguishes them from the worlds of pornography, advertising, and fashion from which they stem, it is not enough – as the bigotry of such statements makes clear – to allude to the fact that the painting is a decent piece of work. As if reference to a mode of presentation traditionally guaranteeing art could offer immunity against the doubly vulgar subject-matter: mass-cultural images of so-called "common" women – *Birds of Britain* (2002) for instance being the covertly sexist title of a series of female portraits arising from a photo-volume of the same name.

In other interpretations the mode of presentation serves to defuse the subject matter. As if taking Danto's dictum that art is the transfiguration of the commonplace quite literally, US artist and art historian Ronald Jones for instance claims that Richard (as he calls him) in his (in Jones's view) "sensitive naturalistic" portrait of a "peroxide blond" (*Jazz*, 2000) is concerned to trace "basic characteristics of humanity" in the alienated existence of a "prostitute."[2] Not only is the confusion of prostitution and pornography, and the unqualified identification of prostitution with alienation, symptomatic of a certain inhibiting embarrassment that evidently already sets in for Jones where pornographic elements remain latent – in contrast, say, to *Tongue* (1997), *Origin of the Milky Way* (1998), *Below* (1997), or *Negation of the Universe* (2001). My concern here, however, is with the taboo that would seem to hang over the very possibility that the artistic presentation itself in Phillips's case might partake of the B quality of the subject matter.

Yet as I see it precisely this possibility ought not be excluded if one is to understand the specific characteristics of Phillips's painting, the specific qualities of a procedure whose effect critics sometimes describe as a singular – I would say a singularly uncanny – presence.[3] For Phillips's painting does not try to transcend its mass-cultural objects – least of all in favor of the supposed deeper meaning of universal human qualities "behind the anonymous appearance."[4] On the contrary, what we are dealing with here is painting that no longer defines itself in *a priori* opposition to mass visual culture. As such it represents a continuation of and not, as Ronald Jones believes, a break with the project of Pop Art. The homage to Richard Bernstein, with whom Andy Warhol collaborated in designing the front pages for *Interview* between 1979 – 83, makes this clear (*Portrait of God (after Richard Bernstein)*, 1998). That Phillips's work is in the nature of a sequel to historical Pop Art of course is explicit in *Jacko (after Jeff Koons),* 1998. However, Phillips's pictures not only operate on and with the phenomena of Pop *Art*, they also perpetuate the project of Pop Art by dealing with mass culture and its manifestations, more precisely, with certain quite specific manifestations of it. Scarcely a picture by Phillips is not based on a carefully selected mass-cultural pattern. Yet it is not as if he morally elevated himself above these things through painting; on the contrary, the subjects are transformed into an aesthetic phenomenon, and in such a way that, in the transformational process, the painting itself also manifests itself. The distinction between Phillips's art and the mass-cultural visual worlds it works on needs to be investigated against the backdrop of this very specific interest, nay, investment.

Taking Phillips's *œuvre* as a whole, one is inclined at first to see this investment as being motivated by his interest in the medium of painting. For in the last analysis most of Phillips's works present mass-cultural images as images in another medium traditionally coded as art. And clearly, it is not just a question of the alienation effect that mediatizing a mediatization creates; rather, more precisely, of a *mise-en-scène* of the interactions between the extremely carefully selected mass-cultural image-patterns on the one hand and painting on the other.

Viewed from this angle, Phillips's interest in certain aspects of lighting and color as defined by the film, photography, and graphics of the seventies is striking. The quotation of lighting conventions that seem peculiarly dated today is especially marked in *Nuclear* (1996) for instance. Unlike Warhol, who in a sense deploys color externally in order to alienate his patterns, Phillips's treatment of color clearly follows the patterns he works from – fashion photography, it would seem, which in its turn evidently learnt from Pop Art – feeding it back into painting. Not only does he deal with the many feedback effects between the visual arts and visual culture in painting, but he gives us a realistic representation of photography oriented on pop painting. Yet precisely this realistic translation of photographic pattern into oils brings out the difference between the media so clearly. For instance the ear and the outline of the model's tightly back-combed hair are direct quotes of Warhol's silk screen effects. In the case of *Nuclear*, the procedure creates interesting tensions between realism and abstraction, depth and flatness, whereby the opposing poles affect each other – realistically-painted parts appear as areas of color, while more abstract areas become elements of realistic portrayal. This distortion effect plays a role in many of Phillips's works, and is at its clearest as early on as *Mask* (1995), where the cosmetic facial mask simultaneously functions as a painted surface. As if to mark out the role of the media-switch in this procedure, Phillips often allows the transfer grid to show through the paint.

Of course, Phillips's depictions of well-known sculptures such as *Jacko (after Jeff Koons)*, or his treatment of George Segal's *Liberation Monument* (2001), are of interest as regards the tension such media translations create between illusionistic depth and material flatness. Yet it comes out most clearly in *My Sweet Lord* (1999) – the depiction of a sculpted bust of George Harrison photographed for *Playboy* magazine (1975) – in the shadowed areas, where the materiality of the painting conveying those areas and the painterly evocation of sculpture confront each other. Generally speaking, Phillips's painting can also stand for the reflective potential of an art that, in a manner nothing short of classical (depicting one art – photography, sculpture – through the medium of another), explores the specific characteristics of different media. In particular those of Phillips's new pictures working with painstakingly made aluminium backgrounds can be seen in this light, referring – as grisaille works – on the one hand to the classical *agon* between the arts, on the other to the appeal of Warhol's silvered surfaces. Phillips is clearly no longer interested in providing new proofs for the superiority of one traditional medium (painting) over another (sculpture), nor in any contest with a new, technical medium (photography). It is more a question of exploring painting's specific characteristics at a time when its potential for realism and its potential for abstraction can no longer be separated from each other.

Phillips also seems to remove a misconception almost in passing, namely, that compared to painting photography is the more "realistic" because technically superior medium. Stanley Cavell has rightly drawn attention to the fact that such an assumption misleadingly suggests the two media are competing in the same project, that of realism, and that because this was better satisfied by the newer medium, the older medium was "absolved" of this function. Such a definition reduces the project of realism to the mimetic task of verisimilitude. That photography is genuinely closer to reality than painting (because its signs are indexed to reality) has by no means absolved painting from the role of asking what depicting reality can mean in its case. This is why new interpretations of "realism" have continued to inform the history of painting to the present day, inspired in part by photography. Nor are the developments towards abstraction attributable, or at least not solely, to the advent of photography, as if, as regards the project of realism, painting had been dishonorably dismissed by photography. Rather painting saw itself confronted out of its own inner logic with a (modern) situation in which it and reality are no longer in a position to *safeguard* each other.[5]

In Phillips's case, the decision to paint realistically in this situation seems to be determined by *more* than the wish to give a new turn to the straight media-specifics debate. Whereby one must add that this "more" has nothing to do with a desire to create a kind of undistorted *presentness* between us and the world as Cavell, referring to his friend Michael Fried, claims for the project of modern realism and modern art in general.[6] On the contrary, if there is a realist project here, then it consists in deliberately undermining the aesthetic of undistorted presentness in the realistically-depicting medium by producing a *presence* capable of establishing itself solely by distortion. What is important here is less the fact that Phillips's patterns are not reality itself than that various forms of mediatization are being deployed. His concern is not the dumb-"media-critical" quest for an authentic picture behind a picture, nor is it a pictorialization of the dumb-"media-critical" thesis that man (and here, above all, woman) cannot escape the media. It is, rather, a form of realism that neither denies the representational dimension in the name of some undistorted presentness of subject matter (for instance humanity behind the pictures), nor lets it stand as a supposedly "critical" reproduction of a mass-cultural image. What happens in Phillips's pictures, conferring on them their peculiar presence, is this: an abyss opens, the depiction of the depiction succumbs to a motion stilled neither by formalistic theses about the medium of painting, nor by issues of content of the first (e.g. the humanity of the women depicted) or of the second order (e.g. the inhumanity of their mass-cultural depiction). These pictures are realistic solely to the extent that they become *dissimilar* to themselves and by that token to their patterns, defying direct readability. Therein, I believe, lies the *aesthetic* potential of these pictures in contrast to their mass-cultural patterns.

In the light of this perspective the mass-cultural subjects Phillips selects need to be scrutinized. I have already indicated above that the aesthetic qualities of Phillips's pictures, in my opinion, do not arise via any (whether formal or moral) superiority of painterly representation vis-à-vis the B quality of the patterns they are based on, but that they arise by adapting qualities of the latter. This holds at the level of what is represented, no less than at that of the representation. At both levels, Phillips's obsession is directed at quite specific aspects of the visual culture of, above all, the seventies. We see this in his partiality for particular hairdos, bikini stripes, nipple shapes, or the way these have been presented in particular patterns; but we see it also in the style of painting itself – this is especially clear in the paintings of the late nineties – which openly avows its investment in aspects of recently past pop culture. Certain of the pictures, for example, recall works by Guy Peellaert, known from the cycle *Rock Dreams* (with Nik Cohn) and record covers like *Diamond Dogs* (Bowie), even more than particular Pop Art protagonists (Tom Wesselmann, Mel Ramos) or the photorealism of the seventies (Chuck Close). This interest in past visual culture is instructive. Not because the reference to the seventies provides the key to Phillips's real "subject" – his *œuvre* contains eighties treatments as well. The interest in a past visual culture is instructive because reference to the immediate past generally fits in with the aesthetic distortion effect that Phillips seems to be aiming at.
The singularly uncanny presence Phillips's pictures have has much to do with retrospective precision, the expert resuscitation of a cultural revenant. The effect is felt in most of his works. For example in the period details of his portraits of (chiefly) unknown women, who thus have a mark of decay inscribed into them; the pictures are always clearly of *past* beauty. Even where they are painted in the brightest colors, there is a latent gray overlay; but often color is employed to make this morbid aspect explicit. *Girl and Mirror* (1998), or *Peel* (1996), are good examples. However, the revenant effect also comes out in the pictures of sculptures of (once) famous men. The ten years for example that lie between Koons's *Jacko* monument (1988) and Phillips's *Jacko (after Jeff Koons)* (1998) rob Koons's porcelain original of its affirmative appeal, shifting it into its potential opposite. Phillips's painting is also free of all irony. Even the Smiley glaring from a woman's breast (*Untitled (Smiley)*, 2000) or the childish Selena lettering in *Selena* (2001) shed every hint of mirth and become emblems of the abyss. Someone who finds Phillips's pictures merely "hot" is evidently confusing their own will to hotness with the qualities of the pictures. Indeed, it seems virtually impossible to overlook the uncanniness of an abyss in them.
Phillips's choice of patterns and – and this clearly should not be overlooked – his choice of detail and cropping seem to a large extent determined by a feel for their latent uncanniness. The psychoactive potential of his subjects in this sense resides

in numerous details, in the view from below, for instance, in *Horizontal Blond* (1996), *Tongue* (1997), *Large Nude* (1997), *Origin of the Milky Way* (1998), and *Artist* (2001), or in the abject facial mask of *Peel* (1996). It is in the blond nape hairs under the manifestly artificial skin coloration of *Miss Samsonella* (1998), in the wobble effect of *Shaking* (1997), the unsharpness of *Brandbild* (1997) and *Ingrid Boulting* (2002), in the expressions and arrangement of *Three Women* (1998), or in the way white, male hands reach into the picture of the black woman from below in *Blessed Mother* (2000). It is in details such as the hair in *Venetia Cuninghame* (2002), the soap bubble in *Suzanna Leigh* (2002), or – most uncanny – in the sunglass-lenses of *Scout* (1999). Phillips emphasizes precisely these details, literally enlarging and intensifying them till they become monstrous. They are then the focal point around whose intensification all the other pictorial decisions seem to revolve.

Phillips's special interest in the pornography of the seventies is also plainly motivated by an awareness of mass-cultural factors that turned against the needssatisfaction culture they were produced for. The forms and rituals of this particular phase of pornographic picture production, while still residually linked to the social awakenings of the 1960s, already partook of the commercial perversion of hippie culture and sexual liberation as well. The ambivalence of this phase was the subject of the film *Boogie Nights*, where the pornography industry's real descent into downright commercialization does not begin until the eighties. However, Phillips is evidently not interested in casting a nostalgic look back on the seventies, nor – which would also be thinkable – in any sophisticated homage to the culture-industry heroines of his own adolescence. He scrutinizes the period from the present, deliberately seeking out in its pornographic pictures the visual symptoms of a *societal* perversion. If one wished to point up this aspect, one could say Phillips's painting has more to do with pornography and fascism as they have been polemically equated against the ideology of the pan-sexualization of the world, and with which Andrea Dworkin destroyed the sexual innocence of a generation in the late seventies, than with any celebration of the pornographic. The combination of *Negation of the Universe* (2001) – a phantasmal picture of a female ejaculation – with, on the one hand, the portrait of George Bush grinning like a caricature in *The President of the United States of America* (2001) and, on the other, the detail from George Segal's *Liberation Monument* (2001) brings out this cultural-pessimistic angle if anything over-explicitly. For the background of *Liberation Monument*, Phillips used gold leaf for the first time. Against this background, Segal's actors of the liberation – who are anyway petrified – appear stonier than ever. The golden age is past. What remains is the possibility artistically to exaggerate those aspects of mass-cultural representations that turn the commercial perversion of sexual liberation back on itself. If one must talk of criticism here, then it is not directed at the supposed bankruptcy of the idea of sexual revolution itself, as Bernhard Bürgi argues in a catalogue text on Phillips with reference to Michel Houellebecq's *Extension du domaine de la lutte*,[7] but against the capitalist perversion of the idea.

Phillips's interest in Blaxploitation images of black women likewise fits into the context of a critical symptomatology of seventies visual culture. Not only the burlesque minstrel picture *Miss Samsonella*, but also the potential violence of the white male hand on a black woman's breast in *Blessed Mother*, or the image of a powerful and mysteriously magic black woman in *Three Women*, call to mind stereotypes met with in the pertinent films. As with pornography, Blaxploitation is not just a B genre, but one which, in form and content, stems from a liberation movement's past while at the same time commercially exploiting both the movement and its agitators. Here again, Phillips's pessimistic regard seems intent on conferring independent life on those aspects that undermine our ability to read the commercial images directly or to consume them unmediated. If Phillips's *Three Women* seem to look back in a highly uncanny manner, nor is it here the case that painting is in a position to reveal authentic humanity behind commercial stereotypes, rather that the painting so expertly transforms the cultural *topoi* derived from its pattern into something uncanny that an abyss gapes, in whose void viewers are confronted with the living traces of their own cultural determinations.

The singular presence Phillips's realism has, as we have said, comes into being in proportion as its subjects become dissimilar to themselves – *larger than life*, as it were. The programmatically larger-than-life pictures defy any straightforwardly sexual no less than any directly moral interpretation. Nor, of course, can they be read without further ado as feminist criticism, least of all of a Dworkinite stamp. And not just because the disastrously successful alliance between Andrea Dworkin and Law Professor Catharine MacKinnon has created, wherever it has gained political followers, a climate of intolerance in which feeling against pornography "as such" (whatever that might be exactly) has acquired a life of its own, so that critical discussion of the phenomenon of erotic ambivalence, for example, or of such important distinctions as that between aesthetic and pornographic depictions are rendered impossible.[8] But it is not simply because Dworkin's radicalism, which has blinded itself to any more differentiated scrutiny, is incompatible with his ambivalent *mises-en-scène* that Phillips's pictures cannot be read as "feminist" statements – after all, more moderate varieties are also conceivable. My point is more radical: Phillips's pictures *generally* cannot be reduced to any cultural-critical message. This is because their uncanniness relates not only to their subjects, but to a structural un-canniness between work and viewer as well.

Precisely this structural aspect might provide an initial answer to the thorny question as to what distinguishes pornography (or, more generally, mass culture) from art. The distinction would lie in an act of denial on the part of art whereby ready consumption or a work's being tied to some one rigorous critical position are necessarily thwarted. To locate the aesthetic qualities of a work in this act of *dislocating* consumption or a readily available message also entails that those qualities are not reduced to purely formal ones. These pictures's aesthetic qualities unfold rather in a play of movement at various formal and semantic – including political – levels, without its ever being possible, either formally or as regards content, to bring the motion to a close. Because this dislocation denies viewers of Phillips's pictures mere identifying recognition, every pornographic or pornographico-critical self-evidence ("I know it when I see it") crumbles – in favor, namely, of a process whereby viewers are brought face to face with the uncanny, living assumptions of their own cultural backgrounds. Therein lies, in my view, the aesthetic-political potential of Phillips's realist project.

1 See Winfried Menninghaus, *Ekel. Theorie und Geschichte einer starken Empfindung* (Frankfurt am Main: Suhrkamp, 2001).

2 Ronald Jones, "Gleams of Past Existence," in *Richard Phillips*, exh. cat., Kunsthalle Zurich (Munich: Schirmer / Mosel Verlag, 2000): 56 – 68.

3 Thomas Eggerer, "Der Blick der Medusa," in *Texte zur Kunst*, no. 35 (1999): 312 – 15; Isabelle Graw, "Show Girls," in *Texte zur Kunst*, no. 41 (2001): 99 – 105.

4 Ronald Jones, *ibid.*: 64.

5 See Stanley Cavell, *The World Viewed. Reflections on the Ontology of Film* (London / Cambridge, Mass.: Harvard University Press, 1979): 21.

6 Stanley Cavell, *ibid.*: 22.

7 Bernhard Bürgi, "Unschuld," in *Richard Phillips*, exh. cat., Kunsthalle Zurich (Munich: Schirmer / Mosel Verlag, 2000): 49 – 53, 53.

8 Concerning the feminist debate on pornography, see Juliane Rebentisch, "Nur Bilder. Pornographie und Politik," in *A.N.Y.P.*, no. 9 (1999): 26 – 27.

Translated by Christopher Jenkin-Jones

Richard, Your Paintings Are Lean, Mean, Ass-kicking Machines!

David Rimanelli

Childhood
"Each period casts a very long shadow. One's period is when one is very young".
Diana Vreeland, *DV*

So asserts the legendary *Vogue* editor early on in her fabulist autobiography. In Vreeland's sense, then, Richard Phillips's period would be his early childhood, the late sixties and early seventies – a phase in life when flashes of vivid, indelible memory mix indiscriminately with the recollections of one's elders, Freudian screen memories, and the historical record, such as it is. Considering my own past, I always recall that I was born in the year of Sylvia Plath's suicide and John F. Kennedy's assassination – Phillips was, too – and I've always attributed some personal, deluded mythic significance to this otherwise utterly contingent chronology. I think I remember the first landing on the moon; I do remember, distinctly, the Black Panthers trial in New Haven, where I grew up, the end of the Vietnam War, and Watergate.
A sense of a dreamed and remembered early youth courses throughout Phillips's paintings: dog-eared copies of *Penthouse* and *Oui* stashed under the bed; a decolorized glimmer of Swinging London. The catalogue texts for the artist's 2000 exhibition at the Kunsthalle Zürich both dilate on this theme: Bernhard Bürgi's is titled "Innocence," and Ronald Jones's begins with an epigraph from William Wordsworth's "Tintern Abbey." The poet extols the powers of the imagination, which he profoundly associates with the untarnished vision of the child. It's a little weird, albeit interesting. Most of these pictures are, after all, images of women who – if only we could pump flesh into Phillips's empty-ish icons, in a process of reverse liposuction – would doubtless be revealed as ladies of the night. "J'aime l'horreur d'être vierge, et je veux vivre parmi l'effroi qui me font mes cheveux," exclaims Mallarmé's Hérodiade. Phillips's heroines may bask in the glory of their unfurling tresses, but probably the horror of virginity isn't a major concern.

Beyond Good and Evil
"I am jealous of the life of great artists: the enjoyment of money, of art, of opulence – it is all theirs. If I could have been simply a beautiful woman dancer – or a violinist; how I should have wept, sighed, loved, sobbed". Gustave Flaubert, *Intimate Journals*

Richard Phillips's paintings of the mid-nineties are perfectly of their time, a moment in the swirling vortex of art-world names and trends that very often recapitulated the cold fever and glamour of sixties Pop Art. His paintings looked insolently bland yet gorgeous, thematically provocative and trite at the same time. Were Phillips's images, mostly culled from old fashion and pornographic magazines of the sixties and seventies, symptomatic of a regression from politicized content, moreover did they perhaps indulge a certain passive anti-feminism? Or were they sly descendants of the "Pictures" and commodity-critique art of the late seventies and the eighties – a period that witnessed the seemingly effortless transition from "resistant," theory-driven art practices to cunningly cynical, theory-driven art practices? Is Phillips a good boy or is he very bad, indeed? His paintings, with their impeccable but impermeable surfaces, are apt emblems of the fortunes of Pop Art as it continues emphatically to inform the overall context of contemporary art. Reviewing just a sliver of the vast literature on the "original" Pop Art – perhaps settling, lazily, on its greatest and most satisfying exponent, Andy Warhol – a contemporary reader could not miss the rival currents of the art's reception, either as a (malign) symptom of mediacratic, mass-market culture, or as a riposte, an overt or at the very least potential critique of those very same conditions. I am told that the reception of Phillips's art in Germany – say, in *Texte zur Kunst* – often remarks on his work as definitely political and critical. In the USA, where the cult of the artist-as-celebrity is currently very strong and artists are fixtures in the fashion press, his paintings seem like intimate reflections of the contemporary scene rather than the archival glamour world of his sources.

Curiously, the dilemma posed by Phillips's work reminds me of a drastically different artist, Gustave Flaubert. Sickened by the exhaustion of previous literary models – and by the persistent undertow of his attachment to those very forms – he set out quixotically to revalue the beautiful delusions of romanticism in the cold light of pure style. The cruel yet exquisite style of *Madame Bovary* would mercilessly strip away the cheap varnish of romantic sentiment, the very sort so tellingly distilled in the *Intimate Journals* of the writer's youth. Instead, Flaubert became the apostle of realism, the most perspicuous visionary of the fractured French culture of the mid-nineteenth century, serving up banality and tragedy on a silver-gilt platter. The hermit of Croisset wrote to his perpetually deferred and unsatisfied mistress, "My book will have the ability to walk straight on a hair, suspended between the double abyss of lyricism and vulgarity". Let's do a quick search-and-replace: delete Flaubert and romanticism, insert Phillips and Pop.

What Becomes a Legend Most?
"Time may change me, but you can't change time". David Bowie, *Changes*

The question "What becomes a legend most?" was posed by a famous ad campaign of the seventies for Blackglama furs. A series of glamorous, often older women, like the American playwright Lillian Hellman – divas – appeared swaddled in opulent, corpulent mink coats. So what becomes a legend least? What aspires to legendary status but sinks into ignominy and anonymity? Beautiful failures, looks that couldn't last and didn't have the anchor of real fame, real stardom. The women in Phillips's most recent series, *Birds of Britain*. These paintings, rendered in silvery duotone, are based on a book of photographs shot by John d Green and art directed by David Tree – any relation to the legendary, upper-class British model of the same period, Penelope Tree, immortalized in photographs by Richard Avedon? Green himself was apparently a sort of David Bailey spin-off. This is Swinging London, the London of Mary Quant and Marianne Faithfull, Carnaby Street and the King's Road, Annabel's and Bubbles Rothemere. The names of Green's / Phillips's subjects sound vaguely familiar – Ingrid Boulting, Rory Davis, Venetia Cuninghame – but their fame hasn't endured like Tree's or Twiggy's. The shelf life of models is perforce brief. Suzanna Leigh – lips predictably parted, blond hair in a state of chic disarray – cranes her neck upward to catch a glimpse of an indecipherable reflection in a floating bubble. Pop …

Or, what becomes a legend in spite of himself? Well, maybe our current Commander in Chief, George W. Bush, the subject of what, again because of historical contingency, became the most notorious picture in Phillips's most recent New York exhibition – titled "America," the same title Warhol gave to his last book. The show had been up for a mere day when the events of 11 September unfolded. *The President of the United States of America* took his place in the company of big-breasted, Sapphic twins (*The Bourgeoisie*), a blaxploitation temptress (*Selena*), and a woman squirting liquid out of her vagina (*Negation of the Universe*). The Bush portrait, I'm fairly certain, would have been received, at least in the New York art world, as a smirking comment on the fatuous nimrod who is now the most powerful man in the world. But as Adam Lehner notes, "the attacks changed all that … Roberta Smith of the *Times* delivers herself of the opinion that all of a sudden, one 'could read dignity and monumentality into it, as if it were a mock-up for a carving on Mount Rushmore, and see the deep magenta panels flanking the face as an attempt to mix red and blue'" ("Moving Pictures," *Artforum*, October 2001). Jesus Christ – just when you think the whole postmodernist context-context-context trip is finally out of gas, and Kantian / Greenbergian self-sufficency and medium specificity and *eidos* and whatever are back, *this* happens.

Yilmaz Dziewior: You take your images from fashion, high-life, and pornography magazines as well as the Internet, art or art history books, and magazines. How do you start? Do you begin with a certain topic, or do you find a special image first and develop the subject from there?

Richard Phillips: There has never been one way in which I begin a body of work. It started out by finding magazines on the street, and has gone through many changes since then. With the first body of work it did begin with one image, *Mask* (1995), and developed from there, based on the recognition of the abyss-like emptiness behind the images I found from the sixties and seventies, and how they seemed to mirror the mood of the mid-nineties in both music, fashion, and general cultural attitude. In any case, there is an editing process that is gone through in stages. Topics may develop from recognition of divergent interests that have sublimated connections. The *Portrait of God* (1998) was based on a memory of working in the basement of *Interview* magazine in the eighties and being surrounded by copies of the Rob Lowe issue. This led to thinking about the scandal involving sex with a minor during the Dukakis campaign. From there *Jacko* (1998) was a natural progression. In the decade since the "Banality" show, the fortunes of both Jackson and Jeff Koons had taken similar paths to Mr. Lowe's, and the once-touted, banal, commercial abstractions through the two media of illustration and sculpture had gained rich new associations by the failure of these individuals to square their public personas with their complex personal lives. On the other hand, images can be found by others, and through good timing may fit into a group of works in progress, as in the case of the *Origin of the Milky Way* painting and *Valentino*. With the *Origin* ... a friend was visiting the National Gallery in London and sent me a postcard of Tintoretto's painting of the same title. Months later, I was disgracefully trolling for painting ideas when I came across the image in an 8th Avenue porn shop. It was then that I knew I had found a way to tackle one of the great themes in art history about creation, through the physical evidence of surprise and betrayal. With *Valentino* (2000) I received the image as a birthday card from my friend Jenny Bornstein, who thought of me when looking at an old *Interview* magazine, having knowlege of my Rob Lowe painting. The resulting painting conceptually completed a group of female portraits to be exhibited at Max Hetzler Gallery later that year. Valentino's presence as the surgically-altered, gay creator of women's outward appearance amongst the collection of women's portraits inspired by early phone-sex ads, established a discordant relationship that broke any comfortable reading of the show. With every group of work I try to upset previously established methods of image-sourcing in order to allow for the possibility for what is unknown to me to occur.

Y. D. The first exhibition of yours I saw was at Johnen & Schöttle in Cologne, where you exhibited as far as I recall just four large paintings. There was your depiction of the clay bust of George Harrison (*My Sweet Lord*), and a very puzzling image of a young woman wearing a scout hat, large red sunglasses, and a green shirt unbuttoned to show her breasts (*Scout*). The image is not only disturbing because of the girl's age, which could be anything between twelve and her early twenties, but because of how it operates with the power of the gaze. It is as if the woman had control of the situation, rather than being a sex-object. Then there was the painting with the strange title *LVE LOVR UOIN*, which looks very much like a seventies' graphics poster in praise of free love. It seemed to be a comment on the painting on the opposite wall, *The General*, which showed two guys, a blond man with an arm round the shoulder of a dark-haired beau. The dark-haired man is holding a little dog, which also appears as a logo on the shirts of the two men. It's not clear whether they are a gay couple with a dog for a baby, or if they are just friends from the same office. To my knowledge the image was an eighties' Valentino ad. Bearing in mind that George Harrison was well known not only for his drug abuse, but also because of a big scandal concerning his having sex with teenage girls, the whole show seemed to be very much about the idea of sexual liberation. How were the four paintings related?

R. P. Upon receiving the images of these four paintings Jörg Johnen asked me about the relation between them. My 1999 answer was as follows:
Dear Jörg,
In reference to my paintings' sources, they are all inspired by images found in Men's magazines from the sixties, seventies, and early eighties. The four paintings are related in their depictions of love, morality, and sexuality. The painting titled *My Sweet Lord* was inspired by an image in *Playboy's* "Pop Jazz Awards" 1973. The title refers to the hugely successful George Harrison solo single of the same name. Depicted as a pinch-pot clay sculpture, he takes the form of a spiritual and moral authority. His Old Testament severity or hippie Christ appearance gives him the attitude of standing in judgement, all the while promoting (as in the case of Harrison himself) drug abuse and sex with minors. This contradiction of messages, coupled with the Gothic carving style of the sculpture as award from a porno magazine, presents a hypocrisy of personal conduct that is the hallmark of late sixties and now nineties public, white, male, figures of power. The *LVE ...* painting (the title of which is what is seen on the painting where the word "love" is implied yet never spelled out) was inspired by an illustration of a late sixties'-early seventies' twiggy-style interpretation of twenties' flapper chic. The illustration was obviously inspired by a photograph, yet having no photo-realistic treatment serves as an ideologically and formally two-dimensional counterpoint to the physical, sculptural, three-dimensional representation of *My Sweet Lord*. The purely surface or superficial nature of the painting locks the subject firmly within its factual, abstract representation. The promotion of dimensionless love prohibits commerce – sexual or otherwise – with the "separated by life" formal opposite of *My Sweet Lord*. The painting titled *The General* stands in opposition to the previously mentioned painting's inability to relate on spiritual or formal terms. Inspired by an advertisement for the designer Valentino's "Oliver" line of clothing in 1983, the painting explores the subject of speculation as to the nature of the relationship between the men themselves and their dog. They may be gay lovers, or office pals, or both. The dog may be their surrogate child. The fact that they are white, happy, well-dressed, with matching shirts and watches, provides clues from which this deciphering may take place. *The General* painting's crisp realism and subjectivity of a possible gay, stable, loving,

positive familial relationship stands in direct contrast as well to the implication of the severe, unbending, religious law safeguarded by the Jesus / Moses of *My Sweet Lord* and flaunted by the *LVE*…. The painting titled *Scout* was inspired by a hard-core pornographic photo where the model was cross-dressed in a Boy Scouts of America uniform to address young men's sexual fantasies. The objective to show sexually deviant behavior of what looks to be a minor (under eighteen and relating to Harrison's sexual transgressions) proposes a different image of love apart from the Madonna / Mary coke-whore icon of *LVE*… and the two young men of *The General*. *Scout's* projection of male fantasy by men for men removes the sense of participation in a relationship with both the physical image of the girl, isolated in a totally black space, and with the vague reflection of her own masturbation in the circa-1973 sunglasses.

Best regards, Richard

Y. D. Your New York exhibition revolved around the painting *The President of the United States of America*, which showed Bush shortly after hearing the results of the election that made him President. The image is like a strange caricature. *The Bourgeoisie* depicts naked female twins – in the context of the exhibition one might see them as Bush's daughters. *Old Granddad*, the trademark bust of the bourbon label, functions as a comment on Bush's former alcohol problems. *Liberation Monument* and *Negation of the Universe* can both be seen as expressions of sexual liberation. What about the paintings *Selena* and *Artist*? How are they to be interpreted in this context?

R. P. The key to interpreting the *Selena* and *Artist* in my "America" exhibition rests in the grossly overused word "freedom" as it relates to personal sovereignty and subjugation. *Selena* was inspired by a close-up image from a pornographic layout, where her lips were the erotic focus. Taken from that context her portrait was meant to function as a total sensual and political refusal to integrate Anglo-colonial representations that dominate the show. Her relationship to the Bush painting stood in for one percent of the population that did and still does not believe that he is the President. *Selena's* profile purposely looks away, while her blaxploitation name-label commercially redirects and suppresses her protest. Her beauty was meant to enforce a sense of self-possession and power outside of, yet surrounded and coded by, a majority culture, art and otherwise. *Artist*, the final painting in the "America" exhibition, was segregated and isolated in her own room. The title of this painting redirects the location of the subjectivity out of the exhibition. Taken literally, the slightly drug-addled gaze of the artist is focused somewhere out in mid-space, where the subject lies (the viewer). The display of her breasts over her bra references attempts to use sexual commerce to attract more viewers, i.e. subjects. The newly liberated artists must rely on personal humiliation as so-called "free-dom of expression" to successfully integrate into the aesthetic / non-pornographic world of social relevance. In both paintings, the lack of specific, declarative meaning or relationships to one another function on the whole to produce images of a static struggle to assert freedom or sovereignty among millions of united Americans.

Y. D. After the terrorist attack on the WTC, reactions to this exhibition changed fundamentally. Some critics even described the portrait of Bush as heroic. Roberta Smith wrote in the New York Times: "Ten days ago, the big grisaille image of president Bush's face that was included in the show of Richard Phillips's lurid new paintings at the Friedrich Petzel Gallery in Chelsea looked vapid and slightly sarcastic. But now, in the city that was the capital of the blue country on the post-election voting map, the painting was suddenly devoid of irony and more animated, perhaps because one looked at it harder, with a greater sense of familiarity. One could read dignity and monumentality into it, as if it were a mock-up for a carving on Mount Rushmore, and see the deep magenta panels flanking the face as an attempt to mix red and blue." Some critics saw the painting of the George Segal sculpture as resembling rescue workers covered in ash. How do you view context-related interpretations of your work in general, and of your "America" show in particular?

R. P. The very shift in meaning that writers recorded about my Bush painting, and the projection of people's thoughts about those who emerged from the ashes that day onto the *Liberation Monument* painting, describes a long-held objective of relinquishing the control of expected meaning in painting in order to set loose multiple metaphoric possibilities that do not have to agree with themselves. The paintings you mentioned in the "America" show were specifically designed to function this way. Layered reference and formal painterly interpretations are set against one another to start this chain reaction. The plastic Day-Glo panels in the Bush painting sought to neutralize the presidential authority of the image by pressurizing the newsprint-gray image of Commander Chief in a DKNY fashion-billboard manner. Likewise the image of Segal's "Gay Liberation Monument" was removed from the public context and placed in a private iconic space of non-secular 22 carat gold. The attack of 11 September suggested a reading of heroism and commemoration for the painting. This was a collective psychological by-product of external public actions during this time. My paintings are deliberately vulnerable to externally applicable and prejudicial meanings, which may adhere to the painting in unpredictable ways.

Y. D. You invited the noise band "Black Dice" to the opening of "America" and they performed in front of your paintings. The sound level reached over 140 decibels and made a lot of people leave the space. You described their music as "soundscape of our as-yet-unheard future," and mentioned that "they are the source of new sonic power." What were your reasons for inviting them to play at this opening?

R. P. By the fall of 2001, the NY gallery scene had reached a level of sold-in, moneyed conservatism. There was a palpable sense of entropic somnolence with each newly-minted "museum quality" gallery. My experience was that creative energy was not in the New Chelsea art world but in a growing noise-music scene in Brooklyn. While painting my exhibition for Friedrich Petzel Gallery (in the heart of New Chelsea) these punk and industrial-inspired emanations became the soundtrack for my painting. When Black Dice (the most powerful and radical of groups) agreed to collaborate on the opening night of "America," I invited Bjorn and Eric Copland,

Hisham Bharoocha, and Aaron Warren to view the paintings in progress, and then asked them if they would compose a piece based on their experience of the paintings. They produced two pieces for the event, and at 7:30 PM on 8 September they detonated an explosion of sound that resonated throughout the streets of Chelsea. It was my intention to completely disrupt art viewing anywhere near my exhibition. I wanted to loudly bring voice to dissent, and liberate the exhibition from inane networking and glad-handing of art openings for the space of an hour. Set up in front of the painting of Bush next to *The Bourgeoisie* and *Negation of the Universe*, Black Dice created a space where the sonic enormity of their sound paralyzed an estimated two thousand visitors, effectively negating all forms of communication apart from the sound and images of raw communicability itself.

Y. D. You used gold leaf for the first time in *Liberation Monument*. The new paintings for your London show, *Birds of Britain*, incorporate aluminium leaf, which is similar to silver leaf. Such materials have a long tradition reaching back to the beginnings of painting. They were formerly used to emphasize the importance of the figures depicted, to highlight the dignity of kings, saints, or gods. What made you start using these materials? What do they mean to you?

R. P. All the way through the different phases of my painting the specificity of surface, and how it communicates, has been important to the reading of my work. With *Liberation Monument* my initial impulse was to dislocate the sculpture from its public environment and focus on the temporal connection between the two male figures. Gold paint was my first thought, but after viewing a Tiepolo tondo at the Metropolitan Museum, where a plaster sculpture was depicted against a gold-leaf background, I decided to investigate the traditional use of 22 carat leaf. The effect it had on the painting was to infuse the imagery with an iconic quality. The sense of unlimited space and light, without respect to reality, emphasized to me the humane and compassionate relationship between the men beyond publicly sanctioned sexual politics and other commemorative ambitions of Segal's sculpture. The gold freed the function of the image of the sculpture from literal interpretation, and made way for a visually amplified possibility of unpredictable meanings beyond pedestrian pop ambitions. Likewise the gold created a referent to a non-secular space within which the monument (whose meaning is categorically excluded from a majority of non-secular orders) is allowed to communicate a message of humane love. The reflective aluminium leafing of the background, eyes, and teeth in *Birds of Britain* was intended to exploit the limitless, spacial light-effect and literally encourage the eye to pass in and through the portraits. The grisaille flesh is set up as a hollow mask further stripping the subjects of their physical and psychological identity, and leaving the portraits with a sense of disorientation and horror.

Y. D. The inspiration for your *Birds of Britain* paintings was a book you came across when doing research for a painting of an owl. You did not intend to make your current London show site-specific, but in the end it was very much connected with its city of presentation.

R. P. Intentionality, like any other part of my work, is subject to detours, reversals, and change without warning. In the aftermath of 11 September, I got back to work by searching for an image of a great horned owl. My inspiration was a vague memory of a wartime Picasso painting of a bird that has no natural predators. In my ornithological search for this image that was to start my collection of images for an exhibition at White Cube in London, I came upon a book title, *Birds of Britain*. Thinking I had scored a source for indigenous owls of Britain, I was surprised to discover "birds" meant girls in sixties' terminology, and this was a book of photography of London's youth-quake generation. From this source, four images were particularly inspiring. They were all of women who, at the time, were undoubtedly at the height of popularity and fame, yet with time had faded into obscurity along with the photographer John d Green, who in the style of David Bailey had made a brief ascent to the apex of the scene. It seemed to me that these images, if lovingly painted on an abnormally large scale and in oil paint with gilded aluminium eyes, teeth, and backgrounds could unlock their collective failure and express a side of life that socially, politically, and poetically they were never intended to address. That is, a truly alienated state of being, a portrait of apparent meaninglessness, where the experiment of living is tested against a control of delusion. Thereby becoming, to use a phrase by Giorgio Agamben in his essay "Means with no End," portraits of "humanity after the failure of peoples."

Y. D. Almost all your paintings address the issue of representation in popular culture. In contrast to Pop Art, which claimed to stem not from aesthetic culture but from mass culture alone, your strategy could be described as second-order popular art, for it already embodies a critical, theoretical discourse.

R. P. Rather than opposing my work to Pop Art, I have seen it more as an extension of the consequences of it. I suppose that would classify it as a second-order experience. The combination of the traditional, European academic painting (techniques of which were rejected by Pop artists in favor of imitating industrial and commercial methods) with images that were often retrieved from magazines of the original Pop era sets up a collision of formal and critical strategies. This disables linear thought and meaning in favor of the possibility of shifting contradiction. If Pop Art sought to be the blank mirror of capitalist "I want to be a machine" realism, then my work seeks to break that mirror and eradicate the control of these static agendas. There is, in fact, humanity behind this emptiness, and it is not the humanity that would be dictated to us through cynicism and irony. Representation in my painting is not only the means to unleash this potential, but it is an inseparable subject of it as well. Misreading, prejudices, hypocrisy, contradiction, duplicity, and fraud are as one with love, charity, hope, and temperance. It is not a detached, critical relationship that I wish to establish with my paintings, nor are they demonstrations of morally acceptable theory.

Y. D. How do the women, men, animals, and sculptures you paint relate to the images you produce of them?

R. P. In the late eighties and early nineties, appropriation in art often sought to critique society and culture by turning the images of power directly against their source, in an effort to expose the corrupt agendas of larger political entities. There was a decisive separation of the depicted subject from its form in the service of a directed message that, while devaluing the image, attempted to usher in superior ideals. At this stage painting was generally relegated to entertainment / media status, where representations of once expressive styles were seen as a conceptual social critique. The so-called painting emergency sought nothing other than the perpetuation of itself as a stillborn medium trading on sympathies of initiated well-wishers. Painting as a medium was seen as an illustrative form, which sacrificed its physical and visual power to an idealistic end. Yet it is precisely the texture of these commingled relationships between times, efforts, irreconcilable differences, and hypocrisies which painting now has the power to meditate on and possess, unleashing new gestures from a position where these delusions can be seen as a control in our present social experiment, where power infused into the visual and physical reality of painting can reflect this, our alienated and fallible state of humanity.

Y. D. As a white, Anglo-Saxon, heterosexual male, how would you describe your relation to certain topics in your paintings – sexism, for example, or the use of stereotype images of female Afro-Americans, or sexual liberation for gays and women? My impression is that dealing with questions you are not yourself directly involved in enables you to preserve more distance intellectually, and so to transform them more easily into conceptual works.

R. P. As a white, Anglo-Saxon, heterosexual male my relationship to social concerns are commonly defined as, on one hand, privileged and, on the other, categorically out of touch. As an artist, I do not make claims to moral authority or turpitude. Yet I do live in and respond to a world where there is diversity of life experience other than my own. My distance to these realities is factual, and often beyond my control. My paintings do embrace stereotypes of lives that are not my own and present them, not as a directive on my opinion of these lives, but rather as a catalyst for larger reactions to them, as they relate to the internal significance of the images. There is no adjudicated proof to be established that would legitimize my relationship to these images. Apathy and irresponsibility are built into the commercialized crusade for righteousness. Unbelievably, there is a possibility of an art that, after the nineties, will not preach or illustrate, that will be literally destructive of the coherence and order that define the leveled-out stasis of modern, socially relativistic culture. The hope is to set up favorable conditions in relationship to these topics, whereby patterns of thought may be ignited through individual, direct, sensual experience of the living and the beauty in painting as Art.

1962   geboren / born in Marblehead, Massachusetts
       lebt und arbeitet / lives and works in New York

Ausbildung / Education

1986   MFA in Painting, Yale University School of Art
1984   BFA in Painting, Massachusetts College of Art

Auszeichnungen / Honors and Awards

1986   J. Richardson Dilworth Materials Grant, Yale University School of Art
1985   Yale Tuition Scholarship, Yale University School of Art
1984   The Pace Gallery Award, Massachusetts College of Art
       The Lawrence Kupferman Award, Massachusetts College of Art
1983   Ellen Battel Stockel Fellowship, Yale / Norfolk

Einzelausstellungen (Auswahl) / Solo Exhibitions (Selection)

2003   Galerie Max Hetzler, Berlin
2002   Kunstverein in Hamburg
       Birds of Britain, White Cube, London
2001   *America*, Friedrich Petzel Gallery, New York
       Galerie Max Hetzler, Berlin
2000   Kunsthalle Zürich
1999   Galerie Johnen & Schöttle, Köln
       Galerie Rüdiger Schöttle, München
1998   Friedrich Petzel Gallery, New York
       Stephen Friedman Gallery, London
1997   Shoshana Wayne Gallery, Santa Monica
       New Paintings, Turner & Runyon Gallery, Dallas
1996   *Recent Paintings*, Edward Thorp Gallery, New York
1995   Knoxville Paintings, Edward Thorp Gallery, New York (small gallery)
1994   White Columns, New York (White Room)

Gruppenausstellungen (Auswahl) / Group Exhibitions (Selection)

2002   *No Ghost, Just a Shell*, Kunsthalle Zürich
       Some Options in Realism, Carpenter Center for the Visual Arts, Harvard University,
       Cambridge, MA
       Friedrich Petzel Gallery, New York
2001   *The Contemporary Face: From Picasso to Alex Katz*, Deichtorhallen Hamburg

2000 *Girlfriend*, Galerie für zeitgenössische Kunst, Leipzig
      Greater New York, PS 1 Contemporary Art Center, New York
1999 *Malerei*, INIT Kunsthalle, Berlin (kuratiert von / curated by Christian Nagel
      und Alexander Schröder)
      art lovers, Tracey, The Liverpool Biennial of Contemporary Art (kuratiert von /
      curated by Marcia Fortes)
1998 *Hanging*, Galeria Camargo Vilaça, Sao Paulo (kuratiert von / curated by
      Marcia Fortes)
1997 *Hospital*, Galerie Max Hetzler, Berlin
      Whitney Biennial, Whitney Museum of American Art, New York
1996 *Painting Into Photography Photography Into Painting*, Museum of Contemporary
      Art, North Miami
      Sugar Mountain, White Columns, New York

Bibliografie / Bibliography

2002 Lack, Jessica, *Richard Phillips: Birds of Britain*, in: The Guardian, Juni 2002, S. 35.

Erfle, Anne, *Richard Phillips*, in: ARTinvestor, Jan. / Feb. 2002, S. 52 – 53.

2001 Saltz, Jerry, *New York Stories, Voicing The Aftermath*, in: Flash Art International, Okt. 2001, S. 65.

Lehner, Adam, *Moving Pictures*, in: Artforum, Nov. 2001, S. 35 – 39.

Phillips, Richard, *Top Ten*, in: Artforum, Nov. 2001, S. 63.

Leffingwell, Edward, *Richard Phillips at Friedrich Petzel*, in: Art in America, Nov. 2001, S. 149.

Graw, Isabelle, *Show Girls*, in: Texte Zur Kunst, März 2001, S. 98 – 105.

Hilgenstock, Andrea von, *Wie aus Plastik: Richard Phillips zeigt seine Portraits von Pornodarstellern*, in: Berliner Morgenpost, 16. Jan. 2001.

Clewing, Ulrich, *Die Nähe spielt sich nur in Gedanken ab*, in: Frankfurter Allgemeine Zeitung, 15. Feb. 2001.

Johnson, Ken, *Keith Edmier and Richard Phillips*, in: The New York Times, 21. Jan. 2001.

2000 Richard Phillips, Ausstellungskatalog Kunsthalle Zürich, München: Schirmer / Mosel.

Jones, Ronald, *Keith Edmier and Richard Phillips*, in: Frieze, Mai 2000, S. 98.

Richard, Frances, *Keith Edmier / Richard Phillips*, in: Artforum, April 2000, S. 143.

Hahner, Sibylle, *Privater Starkult – Perfekte Unechtheit*, in: Aargauer Zeitung, 10. Nov. 2000.

Nigg, Marie-Louise, *Die Faszination hat ihre Kratzer abbekommen*, in: Zürichsee-Zeitungen, 14. Nov. 2000.

Vogel, Matthais, *Sex-Ikonen, Megastars und Menschlichkeit: Gemälde von Richard Phillips in der Kunsthalle Zürich*, in: Neue Zürcher Zeitung, 21. Nov. 2000.

Däniken, Hans Peter von, *Kosmos der Oberflächlichkeit*, in: Tages-Anzeiger, 8. Nov. 2000.

Von Wüst, Karl, *Hyperrealitäten aus der Neuen Welt*, in: Schaffhauser Nachrichten, 7. Nov. 2000.

1999 Avigkos, Jan, *Richard Phillips*, in: Artforum, April 1999, S. 125.

Arning, Bill, *Richard Phillips*, in: Art in America, April 1999, S. 139 – 140.

Cohen, Michael, *Richard Phillips*, in: Flash Art International, März / April 1999, S. 103.

Eggerer, Thomas, *Der Blick der Medusa*, in: Texte Zur Kunst: Sep. 1999, S. 312 – 315.

Glaser, Sheila F., *High Gloss*, in: Madison, Sep. 1999, S. 88 – 94.

Humphrey, David, *New York Fax*, in: Art Issues, Jan. / Feb., 1999, S. 34 – 35.

Müller, Sabine, *Richard Phillips*, in: Kunstforum, Juli – Aug.1999, S. 388 – 398.

Paparoni, Demetrio, *Il non ritorno all'ordine*, in: Tema Celeste, Okt. – Dez.1999, S. 54 – 61.

1998 Fioravante, Celso, *Sobra Cor e Falta Ruido em »Hanging«*, Folha de S. Paolo, 4. Mai 1998.

Hubbard, Sue, *Richard Phillips at Stephen Friedman*, in: Time Out London, 15. – 22. Juli 1998, S. 52.

Joyce, Julie, in: Art Issues, Jan. / Feb. 1998, S. 39.

Mahoney, Robert, *American Gesture*, in: Art Net, Dez. 1998.

Memford, Steve, in: Review Magazine, Nov. 1998, S. 18 – 19.

Steinke, Darcey, *Most Coital*, in: Spin, Jan. 1998, S. 42.

Viegas, Camila, *Mostra Aponta Rumos da Pintura Moderna*, in: Caderno, 4. Mai 1998.

Walle, Mark van de, *Avant-Garde and Kitsch*, in: Art & Auction, Mai 1998,
S. 144 – 149.

1997 Bankowsky, Jack, *Whitney Watch*, in: Artforum, März 1997, S. 31 – 34.
Landi, Ann, *A Biennial Perennial, Still Changing Styles*, in: The New York Times,
9. März 1997.
Space, in: The New Yorker, 17. März 1997, S. 108.
Leonzini, Nessia, *Bienal do Whitney Traz a Nova Era, SP Variendades*, in: Journal da
Tardre, Brasil, 19. März 1997, S. 10.
Wallach, Amei, *Lost in America*, in: New York Magazine, 24. März 1997.
Solomon, Deborah, *The Gallery: The Whitney Biennial*, in: The Wall Street Journal,
25. März 1997.
MacRitchie, Lynee, *Time and Space at the Whitney Rave*, in: Financial Times,
29. / 30. März 1997, S. VIII.
Plagens, Peter, *Stuck in the Middle*, in: Newsweek, 7. April 1997, S. 74.
Bass, Ruth, *Whitney Biennial Shows the Best of Modern Art*, in: Art-Talk,
April / Mai 1997, S. 32.
McAdam, Barbara A., *Reviews-Whitney Biennial*, in: ARTnews, Mai 1997, S. 101 –102.
Rimanelli, David, *1997 Biennial Exhibition*, in: Artforum, Mai 1997, S. 101 –102.
Salvioni, Daniela, *The Whitney Biennial*; A Post 80's Event, in: Flash Art Inter-
national, Sommer 1997, S. 114 – 117.

1996 Moody, Tom, *Richard Phillips*, in: Artforum, Nov. 1996, S. 100.
Smith, Roberta, *Make-up and Paint Become One*, in: The New York Times,
10. Mai, 1996, S. C1.

1995 Kimmelman, Michael, *A Gothic South: Art in Review*, in: The New York Times,
15. Dez. 1995, S. C29.

Öffentliche Sammlungen / Public Collections

Albright-Knox Art Gallery, Buffalo
Chase Bank, Zürich
Modern Art Museum of Fort Worth
Memphis Museum, Memphis
Paine Webber Art Collection, New York
San Francisco Museum of Modern Art
Weatherspoon Art Gallery, Greensboro, NC
Whitney Museum of American Art, New York

Ingrid Boulting (After John d Green), 2002
Oil and aluminium leaf on linen
Öl und Schlagaluminium auf Leinen
38,25 x 28,5 inches
97,15 x 72,4 cm
RP 02/013
Modern Collections

Rory Davis (After John d Green), 2002
Oil and aluminium leaf on linen
Öl und Schlagaluminium auf Leinen
78 x 97,25 inches
198,1 x 247 cm
RP 02/012
Peggy and Ralph Burnet, Minnesota , USA

Suzanna Leigh (After John d Green), 2002
Oil and aluminium leaf on linen
Öl und Schlagaluminium auf Leinen
78 x 78 inches
198,1 x 198,1 cm
RP 02/011
The Brandes Family Art Collection, Tel Aviv &
Jay Jopling / White Cube (London)

Venetia Cuninghame (right), *(After John d Green)*,
2002
Oil and aluminium leaf on linen
Öl und Schlagaluminium auf Leinen
84 x 64,5 inches
213,4 x 163,8 cm
RP 02/010
Jay Jopling / White Cube (London)

Venetia Cuninghame (left), *(After John d Green)*,
2002
Oil and aluminium leaf on linen
Öl und Schlagaluminium auf Leinen
84 x 64,5 inches
213,4 x 163,8 cm
RP 02/009
Giancarlo Bonollo

Artist, 2001
Oil on linen
Öl auf Leinen
102 x 87 inches
259,1 x 221 cm
RP 01/014
Sammlung Olbricht
Courtesy Friedrich Petzel Gallery, New York

The Bourgeoisie, 2001
Oil on linen
Öl auf Leinen
108 x 85 $5/_8$ inches
274,3 x 217,8 cm
RP 01/013
Sammlung Dr. Michael und Dr. Eleonore Stoffel
Courtesy Friedrich Petzel Gallery, New York

Liberation Monument, 2001
Oil and gold leaf on linen
Öl und Blattgold auf Leinen
111 x 148,25 inches
281,9 x 376,6 cm
RP 01/012
Sammlung Olbricht
Courtesy Friedrich Petzel Gallery, New York

Negation of the Universe, 2001
Oil on linen
Öl auf Leinen
78 x 109,5 inches
198,1 x 278,1 cm
RP 01/011
Privatsammlung Thomas Koerfer
Courtesy Friedrich Petzel Gallery, New York

The President of the United States of America, 2001[*]
Oil on linen
Öl auf Leinen
103,5 x 156 inches
262,9 x 396,2 cm
RP 01/010
Private Collection, New York
Courtesy Friedrich Petzel Gallery, New York

Selena, 2001
Oil on linen
Öl auf Leinen
84 x 60 inches
213,4 x 152,4 cm
RP 01/008
Modern Collections

Old Granddad, 2001
Oil on linen
Öl auf Leinen
84 x 65,5 inches
213,4 x 166,4 cm
RP 01/002
Private Collection, New York
Courtesy Friedrich Petzel Gallery, New York

Blessed Mother, 2000
Oil on linen
Öl auf Leinen
84 x 72 inches
213,4 x 182,9 cm
RP 00/004
Jennifer M. McSweeney
Courtesy Friedrich Petzel Gallery, New York

Untitled (Smiley), 2000
Oil on linen
Öl auf Leinen
84 x 62 inches
213,4 x 157,5 cm
RP 00/001
Collection Adam D. Sender, New York City
Courtesy Friedrich Petzel Gallery, New York

The General, 1999
Oil on linen
Öl auf Leinen
108 x 70 inches
274,3 x 177,8 cm
RP 99/007
Sammlung Lothar Schirmer, München

Scout, 1999
Oil on linen
Öl auf Leinen
102 x 70 inches
259,1 x 177,8 cm
RP 99/006
Johnen und Schöttle, Köln &
Galerie Rüdiger Schöttle, München

My Sweet Lord, 1999
Oil on linen
Öl auf Leinen
96 x 75 inches
243,8 x 190,5 cm
RP 99/005
Sammlung Dr. Michael und Dr. Eleonore Stoffel
Courtesy Friedrich Petzel Gallery, New York

Three Women, 1998
Oil on linen
Öl auf Leinen
109 x 72 inches
276,9 x 182,9 cm
RP 98/019
Sammlung Dr. Michael und Dr. Eleonore Stoffel
Courtesy Friedrich Petzel Gallery, New York

Play Station, 1998
Oil on linen
Öl auf Leinen
78 x 96 inches
198,1 x 243,8 cm
RP 98/018
Mora Foundation
Courtesy Friedrich Petzel Gallery, New York

Jacko (after Jeff Koons), 1998
Oil on linen
Öl auf Leinen
99 x 78 inches
251,5 x 198,1 cm
RP 98/017
Collection Dillon Cohen
Courtesy Friedrich Petzel Gallery, New York

Riot, 1998
Oil on linen
Öl auf Leinen
90 x 127 inches
228,6 x 322,6 cm
RP 98/016
Collection UBS Paine Webber Incorporated
Courtesy Friedrich Petzel Gallery, New York

Girl and Mirror, 1998
Oil on linen
Öl auf Leinen
96 x 69 inches
243,8 x 175,3 cm
RP 98/011
Sammlung Dr. Michael und Dr. Eleonore Stoffel
Courtesy Friedrich Petzel Gallery, New York

Origin of the Milky Way, 1998
Oil on linen
Öl auf Leinen
90 x 106,5 inches
228,6 x 270,5 cm
RP 98/009
Sammlung Hoffmann

Nude, 1997
Oil on linen
Öl auf Leinen
103 x 146 inches
261,6 x 375,9 cm
RP 97/018
Private Collection
Courtesy Shoshana Wayne Gallery

Shaking, 1997
Oil on linen
Öl auf Leinen
78 x 95 inches
198,1 x 241,3 cm
RP 97/006
Private Collection

Persia, 1996
Oil on linen
Öl auf Leinen
62 x 72 inches
157,5 x 182,9 cm
RP 96/006
Lisa + John Runyon, Dallas

Chrome, 1996
Oil on linen
Öl auf Leinen
78 x 103 inches
198,1 x 261,6 cm
RP 96/004
Collection of Ruth Lloyds and William S. Ehrlich

Transfixed, 1996
Oil on linen
Öl auf Leinen
93 x 59 inches
236,2 x 149,9 cm
RP 96/002
Private Collection, Geneva
Courtesy Friedrich Petzel Gallery, New York

Glasses, 1995 – 96
Oil on linen
Öl auf Leinen
59 x 85 inches
149,9 x 215,9 cm
RP 95/007
The Speyer Family Collection, New York

*nicht ausgestellt / not exhibited

Impressum / Colophon

Dieser Katalog erscheint anlässlich der Ausstellung
»Richard Phillips«
im Kunstverein in Hamburg
vom 21. September bis 10. November 2002.
This catalogue is published on the occasion of
the exhibition "Richard Phillips"
at the Kunstverein in Hamburg
from 21 September to 10 November 2002.

Direktor / Director: Yilmaz Dziewior

Vorstand / Board Members: Dr. Harald Falckenberg,
Prof. Dr. Susanna Hegewisch-Becker,
Claudia Herstatt, Dr. Stefan Horsthemke,
Dr. Ernst-Josef Pauw, Nana Petzet, Rolf Rose,
Jürgen Vorrath, Dr. Hans-Jochen Waitz

Katalog / Catalogue

Herausgeber / Editor: Yilmaz Dziewior
Redaktion / Editing: Katrin Sauerländer
Übersetzungen / Translations: Barbara Hess, Köln,
Christopher Jenkin-Jones, München, Ralf Schauff,
Köln
Gestaltung und Satz / Design and Typesetting:
Johannes Sternstein, Maren Witthoeft
Gesamtherstellung / Production:
Dr. Cantz'sche Druckerei, Ostfildern-Ruit

© 2002 Kunstverein in Hamburg, Hatje Cantz
Verlag, Ostfildern-Ruit, die Autoren und die
Fotografen

© 2002 der abgebildeten Werke von Richard
Phillips beim Künstler

Die Deutsche Bibliothek – CIP-Einheitsaufnahme

Richard Phillips : Ausstellung im Kunstverein in
Hamburg vom 21. September bis
10. November 2002 / Hrsg.: Yilmaz Dziewior. –
Ostfildern-Ruit : Hatje Cantz, 2002
 ISBN 3-7757-1222-4

Erschienen im / Published by
Hatje Cantz Verlag
Senefelderstraße 12
73760 Ostfildern-Ruit
Tel. +49-(0)711-440 50
Fax +49-(0)711-440 52 20
www.hatjecantz.de

ISBN 3-7757-1222-4
Printed in Germany

Umschlagabbildung / Cover:
vorne / front:
Richard Phillips
Venetia Cuninghame (right), *(After John d Green)*,
2002
Jay Jopling / White Cube (London)

hinten / back:
Richard Phillips
Venetia Cuninghame (left), *(After John d Green)*,
2002
Giancarlo Bonollo

Dank an / Thanks to
Richard Phillips, Todd Levin / ADS Art Limited, The
Brandes Family Art Collection, Peggy & Ralph Burnet,
Dillon Cohen, Ruth Lloyds & William S. Ehrlich,
Marion Heinecke / Hasenkamp, Max Hetzler, Annette
Kulenkampff / Hatje Cantz, Ida Kaufmann / Dirk
Pangritz / Hans-Jürgen Raben / British American
Tobacco, Erika Hoffmann-Koenige, Peter Johansen /
Hostrup-Pedersen & Johansen, Jörg Johnen, Helga
Maria & Walter Klosterfelde, Thomas Koerfer, Markus
Lüttgen, Modern Collections, Jay Jopling & White
Cube, Jennifer M. McSweeney, Thomas Olbricht,
Friedrich Petzel & gallery, Juliane Rebentisch, David
Rimanelli, Lisa & John Runyon, Lothar Schirmer,
Rüdiger Schöttle, Adam D. Sender, The Speyer Family
Collection, Johannes Sternstein, Dr. Michael & Dr.
Eleonore Stoffel, Matthew Armstrong / Collection
UBS Paine Webber Incorporated, Jena Paradies

Ausstellung / Exhibition

Kurator / Curator: Yilmaz Dziewior
Organisation: Corinna Koch
Praktikum / Internship: Miriam Voß
Buchhaltung / Bookkeeping: Gesche Früchtenicht
Ausstellungstechnik / Exhibition Technology:
Robert Görß
Kasse / Cashier: Kay Ruchholtz, Karl-Heinz Bents
Reinigung / Cleaning: Maike Nuppnau

Kunstverein in Hamburg
Klosterwall 23
20095 Hamburg
Telefon +49-(0)40-33 83 44
Telefax +49-(0)40-32 21 59
hamburg@kunstverein.de
www.kunstverein.de

Mit großzügiger Unterstützung von /
generously supported by

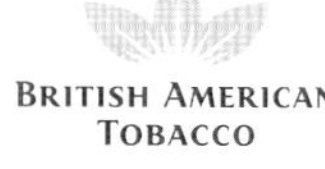